Edzard Reuter

Der Preis der Freiheit

EDZARD REUTER

DER PREIS

Was Europa jetzt tun muss. Ein Weckruf.

DER FREIHEIT

HIRZEL

Bibliografische Information der Deutschen Nationalbibliothek
Die Deutsche Nationalbibliothek verzeichnet diese Publikation in der Deutschen
Nationalbibliografie; detaillierte bibliografische Daten sind im Internet unter
https://portal.dnb.de abrufbar.

1. Auflage 2022
ISBN 978-3-7776-3083-0 (Print)
ISBN 978-3-7776-3156-1 (E-Book, epub)

© 2022 S. Hirzel Verlag GmbH
Birkenwaldstraße 44, 70191 Stuttgart
Printed in Germany

Lektorat: Thomas Steinhoff, Frankfurt am Main
Einbandgestaltung: semper smile, München
Satz: abavo GmbH, Buchloe
Druck und Bindung: CPI Books GmbH, Leck

www.hirzel.de

Inhalt

Nicht weil es so schwer ist,

wagen wir es nicht,

sondern weil wir es nicht wagen,

ist es so schwer.

Seneca

Die Überlegungen, die ich hier niederschreibe, sind das Ergebnis eines langen Lebens. Umso weniger erheben sie Anspruch auf eine sozusagen übergeordnete Gültigkeit. Dahinter verbirgt sich ein Missverständnis, das der Erklärung bedarf. 1998, nachdem ich kurz zuvor meine berufliche Laufbahn beendet hatte, schien es mir einer geneigten Leserschaft zumutbar, das, was ich bis dahin erlebt hatte, in Buchform festzuhalten. Ich meinte, dass die mit »Schein und Wirklichkeit« überschriebenen Erinnerungen geeignet sein könnten, daraus den einen oder anderen Rat für die Zukunft herzuleiten. Inzwischen bin ich eines Besseren belehrt.

Die Zeiten des 20. Jahrhunderts sind endgültig vorbei. Zwar mögen manche Erfahrungen aus jener Vergangenheit hin und wieder noch bedenkenswert sein. Was damals gegolten hat, ist heute nicht falsch. Doch wir leben in einem neuen Jahrhundert, in einer neuen Zeit. Ein weiteres Kapitel in der Geschichte der Menschheit ist aufgeschlagen. Das Resümee dessen, was mir am Ende meines Berufslebens erwähnenswert schien, bedurfte daher aus meiner Sicht einer Fortschreibung. Sie liegt hier vor – und unterscheidet sich von dem Vorangegangenen nicht zuletzt altersbedingt durch eher nur wenige berufsbezogene Hinweise anstelle von Beobachtungen und Anmer-

kungen zu dem Geschehen, in das wir alle miteinander hineinge-
worfen sind.

Dabei danke ich Thomas Steinhoff, der das Entstehen des Manu-
skripts so sorgsam als Lektor betreut hat.

Zeitenwende

Vieles – um nicht zu sagen: alles – scheint dafür zu sprechen, dass zumindest eine übergroße Zahl von uns Menschen vor noch nicht allzu langer Zeit dumm gewesen sein muss. Strohdumm. Konnte doch ein aufstrebender junger amerikanischer Zeithistoriker wie Francis Fukuyama sogar den vermeintlich Belesensten und Erfahrensten unter uns weismachen, dass die Geschichte endgültig an ihrem Ende angekommen sei.

Zwar hat er sich seitdem eines Besseren besonnen. Doch treuherzig glaubten wir ihm damals. Ganze Heerscharen von Zeitungsschreibern, Intellektuellen und sonstigen Mediengrößen plapperten ihm seine Weisheit ebenso überschwänglich wie unentwegt nach. Begeistert richteten sich die Blicke nach vorn. Unsere Vorstellungen von einem friedlichen Miteinander auf der ganzen Erde, von ungebrochen zunehmendem Wohlstand für alle, vom Ende jeglicher ungezügelten politischen, wirtschaftlichen oder gar nuklearen Auseinandersetzungen, vom gesicherten Recht auf Meinungsfreiheit, von der Unabhängigkeit der Rechtsprechung und der Freiheit des Wortes hatten endgültig den Sieg davongetragen. »Yes we can«: Alle Lasten und Sünden waren Vergangenheit, die Zukunft ungetrübt.

Wir: Gemeint waren die Bürgerinnen und Bürger, die im sogenannten Westen lebten und erreicht hatten, dass sich der Albtraum sowjetischer Knechtschaft ins Nichts auflöst. Während wir auf unseren Hängematten auf Mallorca oder bei der verdienten Kreuzfahrt in der Karibik darüber nachdachten (oder gar stritten), waren wir uns innerlich sicher, über alle erforderlichen Patentrezepturen für eine allgemein glückselige Zukunft zu verfügen: demokratisch organisierte Staatswesen, eine von den Lasten staatlicher Bevormundung befreite Marktwirtschaft und der Verlass auf Wissenschaft und Technik. Unter dem Strich konnte sich folglich die ganze Menschheit in Ost und West, in Nord und Süd voller Zuversicht auf Frieden und Wohlstand freuen – vorausgesetzt nur, sie würde endlich einsehen, dass allein unser »westliches« Vorbild den Schlüssel zur Seligkeit bietet.

Zwar hatte bald schon eine nahezu unbegrenzt große Schar von Säuen diesen Traumzustand getrübt, in den uns jener schlagzeilenträchtige Berater aus Anlass der Jahrtausendwende versetzt hatte. Jede Woche neu wurden sie über das Internet durch die globalisierte Welt gejagt. Doch bis zum Anbruch des Jahres 2020 hinderten selbst die täglichen Schauernachrichten aus dem Nahen Osten oder die Flüchtlingsbewegungen aus aller Welt »hier bei uns« kaum jemanden daran, sich in jenen Zukunftsvisionen zu ergehen, die uns die bevorstehende Ablösung fehlergefährdeter menschlicher Hirne durch unfehlbare künstliche Intelligenz vorgaukelten.

Folglich änderten die täglichen Nachrichten von Mord und Totschlag, von unvorstellbaren Katastrophen aller Art, von Ängsten und Verzweiflung, von Bomben und Attentaten, von Flüchtlingsströmen und Finanzkrisen, von wundersamen Präsidenten und korrupten Geldschneidern kaum etwas an der Gelassenheit, mit der wir auf eine unaufhaltsam fortschreitende Mehrung unseres Wohlstandes vertrauten. Wahlweise konnte man sich mit allen möglichen Sensationen betäuben, die laufend und brühwarm über die digitalen Netzwerke verbreitet und von einer Unzahl derjenigen für bare Münze genommen wurden, die genauso blauäugig geblieben oder geworden sind, wie wir es einst waren, als wir damals die Prophezeiung aus dem vermeintlich berufenen Munde des amerikanischen Historikers vernommen haben.

Es ist anders gekommen. Die nüchterne Wirklichkeit sollte sich allzu bald als veritable Zeitenwende herausstellen. Die anscheinend durch nichts mehr einzudämmende Flut von Informationen, von – falschen oder richtigen – Behauptungen und Nachrichten, mit denen unser Hirn und unsere Sinne täglich, Minute um Minute, ja sekündlich überschwemmt werden, hat längst begonnen, unsere Fähigkeit zum nüchternen Abwägen zu vernebeln. Die Weltgeschichte hat sich nicht nur zurückgemeldet, sondern stellt uns vor die Gefahr, einer ungezügelt davongaloppierenden Seuche zum Opfer zu fallen: der Seuche einer zutiefst um sich greifenden Verunsicherung.

Von einem Tag zum anderen machte sich zudem in der chinesischen Provinz ein Virus auf den Weg. Inzwischen hat es die ganze Menschheit wachgerüttelt – um uns in jener so zuversichtlich von sich selbst und den westlichen Wertvorstellungen überzeugten Welt mit Fragen und Erkenntnissen zu überfallen, von denen wir zuvor nicht einmal geträumt hatten. Und außer der einen oder anderen Stimme aus dem Lager der Allwissenden ist uns daraufhin leider niemand mit verlässlichen Ratschlägen zu Hilfe gekommen.

Gewiss, die Welt war auch schon vor Ausbruch der Covid-19-Pandemie auf bestem Weg, in ihre Bestandteile auseinanderzufallen. Jede und jeder, der seine Augen und Sinne wenigstens einigermaßen offen hielt, konnte verspüren, dass anstelle der uns noch am Beginn des 21. Jahrhunderts so verlässlich erscheinenden Ordnung die neuen Entwicklungen unweigerlich zu der angstvollen Frage führen mussten, wie es wohl unseren Kindern und Kindeskindern zukünftig auf dieser unserer Erde ergehen werde.

Seit fast 30 Jahren, seit dem Zusammenbruch des sowjetischen Imperiums, beschränkt sich das politische, militärische, wirtschaftliche, soziale und kulturelle Weltgefüge nicht mehr auf zwei miteinander unvereinbare Blöcke. Nach dem Ende des Zweiten Weltkriegs waren sie jeweils als Ansammlung von Staaten entstanden, die untrennbar miteinander verbunden waren und sich auf den atomaren Schutzschild ihrer jeweiligen Hegemonialmacht verlassen konnten. Im Rückblick erscheint das inzwischen schon als Idylle.

Spätestens seit der Wahl von Donald J. Trump zum Präsidenten der USA ist die frühere Gemeinschaft der westlichen Demokratien zerfallen. Ob sie – trotz des Weiterbestehens der NATO und des fulminanten Neubeginns in Washington – je wiederbelebt werden kann, steht bis heute offen. Die ehemalige Sowjetunion mit ihrem weltübergreifenden Machtgefüge gehört ohnehin der Vergangenheit an. Währenddessen ist die Volksrepublik China zu einer Weltmacht herangewachsen.

Zugleich zeichnet sich ab, dass neben den USA, Russland und China eine Anzahl weiterer Staaten auf dem Weg ist, zumindest regional die Führungsrolle in neuen Machtblöcken zu übernehmen – mit der Folge, dass sich eine ganze Reihe neuer politischer, militärischer und wirtschaftlicher Machtzentren herausbildet.

Im Zweifel zählt für alle von ihnen nichts anderes als ihre eigenen Interessen. Rücksichtnahme auf kleinere Staaten, die sich ihrem Einfluss verweigern oder ihm gar ernsthaft in den Weg stellen, kennen sie allenfalls dann, wenn sie sich davon eine Stärkung ihrer eigenen Position erhoffen.

Keiner der europäischen Staaten – ob bevölkerungsmäßig groß oder klein, wirtschaftlich noch so erfolgreich, nuklear bewaffnet oder nicht – kann ihnen, allein auf sich gestellt, auf die Dauer das Wasser reichen. Gehört werden sie nur dann, wenn sie entweder als Märkte oder wegen ihrer Kenntnisse und Fähigkeiten den Appetit der Großen erwecken. Und auch Großbritannien wird schneller als gedacht entdecken, dass es sich mit dem Brexit nichts als eitlen Tagesträumen hingegeben hat.

Sobald die europäischen Nationalstaaten versuchen, sich ernsthaft zu einem potenziellen Konkurrenten zusammenzuschließen, fallen bei den Großen dieser Erde schnell die Hemmungen. Offene wie verdeckte Versuche wurden und werden unternommen, um eine solche Entwicklung zu erschweren oder möglichst gar zu verhindern. Seit der Einführung der europäischen Währungsunion haben sich auch die USA immer wieder in dieser Richtung hervorgetan. Die Chinesen sind bestrebt, sich durch massive Investitionen Einfluss zu verschaffen, Russland unter der trickreichen Führung seines – laut »seinem Freund« Gerhard Schröder – »erzdemokratischen« Präsidenten Wladimir Putin zögert keine Sekunde, mit allen, notfalls auch geheimdienstlichen, Mitteln Zwietracht zu säen.

Hautnah begleitet werden wir dabei von der weltweiten technischen Revolution der Digitalisierung. Deren explosionsartige Entwicklung lässt bisher allenfalls nur ahnen, welche Auswirkungen sie schließlich auf unser Leben, sei es als einzelne Individuen, sei es als Gemeinschaft, haben wird. Längst hat sie alle menschlichen Gemeinschaften dieser Erde erfasst – und niemand, die oder der ernst zu nehmen ist, hat auch nur die entfernteste Vorstellung davon, welche Folgen sie eines Tages für unser Zusammenleben nach sich ziehen wird.

Anhaltspunkte – oder Warnzeichen! – dafür gibt es täglich neu. Sie reichen vom revolutionären Wandel aller industriellen Arbeitsbedingungen über die immer wieder staunenswerten Fortschritte der medizinischen Diagnostik und Therapie bis hin zu den (fast schon realistisch erscheinenden) Ankündigungen notorischer Großsprecher wie Elon Musk, demnächst eine unmittelbare Verbindung zwischen dem eigenen Gehirn und einem intelligenten Rechnersystem herstellen zu können – ganz zu schweigen von den noch viel geheimnisvolleren, ja furchterregenden Fragezeichen, wie wohl eine Zukunft aussehen könnte, die uns womöglich gelehrt hat, mit Hilfe der Digitalisierung nicht nur einzelne Gene, sondern unsere ganze menschliche Genomstruktur grundlegend zu beeinflussen.

Und zu alledem sind wir Zeugen des globalen Klimawandels, der vernichtende Folgen haben wird, sollte es nicht doch noch in letzter Minute gelingen, ihn auf ein Maß einzudämmen, das es den bald zehn Milliarden Menschen erlaubt, auf dieser Erde zu überleben.

Zusammengenommen läuft das alles unweigerlich auf die Schlussfolgerung hinaus, dass sich unsere Welt mitten in einer Phase der umfassenden Neuordnung befindet. Sie wird keinen Bereich unserer gewohnten politischen, wirtschaftlichen und sozialen Lebensumstände auslassen, kein Stein wird auf dem anderen bleiben.

»The Times, They Are a-Changin«, hieß es lapidar bei Bob Dylan. Das gilt inzwischen in einem Ausmaß und in einer Intensität, die diesen schwermütigen Text als Kinderlied erscheinen lassen. Mit anderen Worten: Wir werden uns von vielen Gewohnheiten verabschieden, ungeahnt neue Wege einschlagen müssen, wenn wir uns die Chance erhalten wollen, in einer Gesellschaft freier Menschen zusammenzuleben (wobei »frei« wohlgemerkt nicht bedeutet, den persönlichen Wohlstand, koste es, was es wolle, zulasten der Gemeinschaft immer weiter zu steigern!).

Freilich gibt es nicht wenige unter uns, die davon, noch dazu, wenn es von einem wie mir kommt, nichts hören wollen. Bisher ist dies womöglich noch eine Minderheit. Doch deren Kopfzahl ist schon weit größer, als man denkt – und sie wächst …

Oft genug vertreten diese Mitbürgerinnen und Mitbürger Standpunkte, die gewöhnlich als »rechts« bezeichnet werden. Regelmäßig zählen blindwütige Nationalisten (und in deren Kielwasser Rassisten) dazu, die davon überzeugt sind, dass alle Probleme, mit denen sie zu Hause zu tun haben, von böswilligen Vertretern anderer Länder (oder *Völker* – um nicht zu sagen »*Rassen*«) hereingeschmuggelt wurden, um sie zu schwächen oder gar auszulöschen. Andere – wie die »Reichsbürger« – schwenken die Fahne des vor mehr als einem Jahrhundert untergegangenen deutschen Kaiserreichs und träumen von dessen Wiedergeburt.

Sie alle gesellen sich gern den sogenannten Querdenkern zu, die Straßen und Plätze immer von Neuem mit der Behauptung überflutet haben, dass die staatlichen Maßnahmen zum Schutz vor der Covid-19-Pandemie sie ihrer grundgesetzlich garantierten Rechte zur freiheitlichen Selbstbestimmung berauben – ganz zu schweigen von den geistesgestörten Spinnern, die sich unter der Adresse »QAnon« zusammenfinden.

Sachliche Argumente, die solche Ammenmärchen als Humbug entlarven, nehmen sie alle nicht wahr – und wenn sie mit der eigenen Unvernunft konfrontiert werden, flüchten sie sich in die vermeintlich ebenso einfache wie für sie überzeugende Behauptung, dass es sich um »Lügen« handele, die erfunden seien, um ihre ehrlichen Wahrheiten zu widerlegen. Beliebte Adressaten solcher Kampagnen sind dabei immer wieder gern »die Presse« – oder, um es kurz und bündig festzumachen, »die da oben«, genannt die »Elite«, oder, noch einfacher: »das System«.

In ähnlicher Richtung und in immer neuen Erscheinungsformen werden im Übrigen die wildesten Verschwörungstheorien verbreitet und benebeln den Geist nicht weniger Zeitgenossinnen und Zeitgenossen. Regelmäßig dienen derartige Fantasiegespinste dazu, die Überforderung ihrer Gläubigen zu bewältigen, vor der diese offensichtlich durch die revolutionären Umwälzungen des digitalen Zeitalters gestellt sind. Das Ergebnis ist ein abgrundtiefes Misstrauen, ja Hass gegen die vermeintlich Mächtigen dieser Welt, die sie für alle sie belastenden Probleme – von der Unsicherheit ihrer Arbeitsplätze bis zum Eindringen von Flüchtlingen und sonstigen fremden Menschen in die gewohnte Gesellschaft – verantwortlich machen.

Solcher Unsinn macht mich weder nervös noch bringt er mich gar aus der Fassung. Doch wir müssen aufpassen: Seine Protagonisten zielen auf die Wurzeln unserer Demokratie.

Der in Tel Aviv lebende schweizerisch-israelische Psychologe Carlo Strenger hat sich in einem bemerkenswerten Essay (»Abenteuer Freiheit«, Suhrkamp, Berlin 2017) mit der Frage befasst, durch welche innere Einstellung die Grundbedingungen für eine freiheitliche Gesellschaft errungen und gesichert werden können. Ich zitiere: »Nach dem Ende des Zweiten Weltkriegs genoss der Westen Jahrzehnte des wirtschaftlichen Wachstums und des technologischen Fortschritts, wie es sie in der menschlichen Geschichte noch nie zuvor gegeben hatte. In dieser Zeit sind drei Generationen herangewachsen, deren Angehörige die freiheitliche Ordnung als gegeben voraussetzen. Glück halten sie für etwas, auf das jeder Einzelne ein Anrecht hat, und wem es verwehrt wird, der wendet sich mit der Forderung nach einem besseren Leben an die Eltern oder ›die Gesellschaft‹.« Und Strenger fährt fort: »Dem … steht eine Position gegenüber, die seit der klassischen griechischen Philosophie in verschiedenen Varianten vertreten wurde: Freiheit als eine Errungenschaft, für die Menschen lebenslang hart arbeiten müssen. … Gemäß dieser Auffassung sind persönliche und politische Freiheit überaus komplexe kulturelle Schöpfungen, die an die Mitglieder einer Gesellschaft hohe Ansprüche stellen.«

In der Tat ist oft genug der Eindruck nicht von der Hand zu weisen, dass unsere Gesellschaft inzwischen vorwiegend durch Konsummentalität und mangelndes Verantwortungsbewusstsein ihrer Mitglieder gekennzeichnet ist. Es geht uns gut – vielleicht zu gut –, und wir haben uns daran gewöhnt, zuerst an uns selbst zu denken. Maja Göpel hat in ihrem Bestseller »Unsere Welt neu denken« (Ullstein, Berlin 2020) eindrucksvoll darauf aufmerksam gemacht.

Unsere Welt ist das Display. Anstatt unsere Zeit mit langweiligem Lesen zu verschwenden, vertreiben wir sie uns bei Netflix. Wir surfen durch die Apps und vergnügen uns mit unseren »Freundinnen« und »Freunden« über Facebook, WhatsApp oder Instagram. Wozu sollen wir als getreue »Follower« von erprobten »Influencern« oder »Bloggern« denn auch auf das Gesülze hören, mit dem uns die politischen Parteien zumüllen? Genauso wie die Maulhelden aus der Wirtschaft und den Gewerkschaften oder den armseligen Schreiberlingen in den Medien denken sie doch nur an ihren eigenen Vorteil – und ohnehin nimmt ja niemand von ihnen unsere Wünsche und Sorgen ernst.

Manche erinnert das alles womöglich gar an die letzten Jahrhunderte des alten römischen Weltreichs und seinen Untergang. Ja, in der einen oder anderen Diskussion habe ich auch schon das böse Stichwort Dekadenz gehört, wenn die Rede darauf kam, dass es uns womöglich allzu gut gehe.

So weit will ich beileibe nicht gehen. Doch wären wir tatsächlich gut beraten, die Hände in den Schoß zu legen und die weitere Entwicklung einfach mit Hilfe der künstlichen Intelligenz (KI) auf uns zukommen zu lassen? Wollen wir die Ideale, die uns Europäern aus den bösen Erfahrungen unserer gemeinsamen Vergangenheit erwachsen sind, achselzuckend im Mülleimer versenken? Wollen wir die Augen davor verschließen, welches Elend es in einer Welt gibt, die ganz nahe vor unserer Haustür beginnt? Wollen wir uns wehrlos den Interessen der großen Mächte unserer Zeit – oder auch nur denen der gewissenlosen Geldraffer an den Börsen und Finanzmärkten – ausliefern?

Unter dem Strich rate ich dringend dazu, die fragliche Analyse sehr ernst zu nehmen. Vernunft und Aufklärung sind und bleiben die einzig erfolgversprechende Rezeptur, um sich der Gefahr eines geschichtlichen Scheiterns unseres freiheitlichen Gesellschaftssystems und der Grundwerte, die es tragen, zu erwehren. Freilich müssen wir dabei aufpassen, dass sie nicht ihrerseits umgekehrt und unbesehen in die (höchst gefährlichen) Fallstricke von Scheuklappen geraten, die uns weismachen wollen, dass alles gut werde, wenn wir uns allein auf das Bewährte verlassen und zudem blind auf die Einfälle und Segnungen der Technologie bauen.

In ebendiesem Zusammenhang wären übrigens ausnahmslos alle etablierten demokratischen Parteien in Deutschland gut beraten, sich ebenso ernsthaft wie zeitnah Gedanken über ihre eigene Zukunft zu machen. Die Entwicklung nicht nur in unseren Nachbarländern Frankreich, Niederlande und Dänemark, sondern in nahezu allen Ländern der westlichen Welt spricht ihre eigene Sprache. Allenthalben können sich die traditionellen Volksparteien schon seit Längerem nicht mehr darauf verlassen, dass ihnen ihre gewohnten Wählerschichten, koste es, was es wolle, treu bleiben. Vielmehr zeigt sich zunehmend, dass die früher gewohnte Bindung ihrer Wählerinnen und Wähler an bestimmte Themenkreise (seien es sozialpolitische, liberale, konservative oder finanzpolitische Interessen) immer mehr zugunsten der Anziehungskraft charismatischer Führungspersönlichkeiten in den Hintergrund tritt. Selbst die sogenannten grünen Parteien scheinen inzwischen davon nicht mehr ausgenommen.

Sicherlich hat das vielfältige Ursachen. Nicht zuletzt hängt es vermutlich mit der ebenso rasanten wie beinahe schon furchterregenden Ausbreitung der sozialen Medien im Internet zusammen. Hierzulande ist es aber zweifellos auch durch die 16-jährige Amtszeit von Angela Merkel und deren Neigung bedingt, grundlegenden politischen Kontroversen mit den ernst zu nehmenden Konkurrenten aus dem Weg zu gehen. In der Folge sind die glaubhaft demokratischen Parteien inhaltlich immer näher aneinandergerückt und unterscheiden sich weitgehend nur noch durch die Überzeugungskraft ihrer führenden weiblichen oder männlichen Repräsentanten. Verlauf und Ausgang des letzten Bundestagswahlkampfes haben das eindringlich genug bewiesen.

Bei allem Respekt für die Aufbruchstimmung und die Zuversicht, die Olaf Scholz und seine Regierung zu verbreiten versuchen, zeigt diese Entwicklung wohl zur Genüge, dass es hohe Zeit für ausnahmslos alle der fraglichen Parteien ist, sich um ihre inhaltliche wie strukturelle Erneuerung zu bemühen. Nicht zuletzt gilt das für die *Sozialdemokratische Partei Deutschlands*, die *SPD*, der ich selbst seit nun nahezu 75 Jahren angehöre.

Inhaltlich heißt das, sich in einer immer komplexer werdenden Welt nicht in kleinlicher Kritikasterei und Besserwisserei zu verlieren, statt deutlich zu sagen, wofür man steht und was nicht verhandelbar ist. An allervorderster Stelle wäre das für mich der Begriff der sozialen Gerechtigkeit, der inzwischen in keiner Hinsicht mehr vereinbar ist mit der Verteilung zwischen individuellem Reichtum und persönlicher Armut – mit der Folge, dass es zu den dringendsten politischen Aufgaben zählt, weltweit dafür zu kämpfen, dass allen Menschen eine faire Chance auf Bildung und Arbeit eröffnet wird.

Und strukturell ist damit gemeint, dafür zu sorgen, dass die Partei nicht immer mehr zur lebenslangen Versorgungsanstalt für altgediente Funktionärinnen und Funktionäre verkommt – ohne sich dabei auf den inzwischen weit verbreiteten Trend einzulassen, die Partei (etwa nach dem Muster der »Liste Kurz« in Österreich) zu einem reinen Wahlverein für die jeweilige Spitzenkandidatin oder den jeweiligen Spitzenkandidaten zu machen, anstatt sicherzustellen, dass diese oder dieser durch eine breit gefächerte, fachlich wie ethisch überzeugende Führungsmannschaft getragen wird.

Doch wie auch immer: Gelingt es uns, gemeinsam die Zeichen der Zeit zu verstehen und entsprechend zu handeln, bedarf es weder irgendwelcher panischer Versuche, den ins Irrationale verirrten Geistern ewig gestriger Verehrer von vermeintlichen nationalen Errungenschaften nachzueifern, noch irgendeiner hektischen Aufregung.

Gefragt ist nichts anderes als ruhiges Selbstbewusstsein – vorausgesetzt, dass es von dem Mut getragen wird, auch Unangenehmes offen auszusprechen und die Schlussfolgerungen, die sich daraus ergeben, konsequent anzupacken.

Nicht zuletzt in diesem Zusammenhang wäre es allerdings allzu kühn, behaupten zu wollen, dass der zurückliegende Bundestagswahlkampf 2021 auch nur im Entferntesten solchen Erwartungen gerecht geworden sei. Vielmehr haben sich alle wesentlichen demokratischen Parteien darauf beschränkt, über zwar sicherlich wichtige Detailfragen der Wirtschafts-, Sozial- und Klimapolitik zu streiten, dabei aber penibel vermieden, sich auf grundlegend wichtige Fragen – wie etwa die Zukunft der Europäischen Union und deren Rolle in der Weltpolitik – einzulassen.

Bei Drucklegung dieses Buches ist beim besten Willen nicht mehr als nur die Hoffnung absehbar, dass die neue Bundesregierung auch in dieser Hinsicht den Mut und das Geschick aufbringen wird, neue Wege einzuschlagen, die sie von denen der zurückliegenden Ära unterscheiden.

Alles drängt jedenfalls dazu, den Herausforderungen, die uns Europäer belauern, endlich ungeschönt ins Auge zu sehen. Ich bin in der Türkei aufgewachsen. Sie hat mich als zweite Heimat geprägt. Das mag entschuldigen, dass ich die Entwicklung im Nahen Osten als besonders intensives Beispiel für die Gefahren wahrnehme, die uns überfallen haben und weiter bedrohen. Die übrigen Herausforderungen, allen voran der Klimawandel, aber genauso die Globalisierung und die Digitalisierung, die uns weltweit bedrängen, sind freilich um keinen Deut weniger gefährlich – ganz zu schweigen von der Gefahr, dass sie in ihrer Zusammenballung demnächst unsere Fähigkeit überfordern könnten, sie zu begreifen und zu bändigen.

All dem steht trotzdem meine persönliche Zuversicht entgegen. Sie stützt sich auf die mannigfachen Erfahrungen eines langen Lebens. Ich bin kein rückwärtsgewandter Reaktionär. Zeit meines Lebens war ich ebenso fest wie vorbehaltlos davon überzeugt, dass sich letzten Endes das durchsetzen wird, was gemeinhin – und weithin kritiklos – als »Fortschritt« verstanden wird.

Fortschritt: Der Begriff beschränkt sich allerdings für mich keineswegs nur auf die Technik, sondern zielt ganz allgemein auf die Fähigkeit der Menschen, für jegliche Probleme, die sich der Entwicklung zu einer friedvollen Welt entgegenstellen mögen, tragfähige Lösungen zu finden.

Diese Überzeugung leitet sich ab aus dem Vertrauen in die Unerschöpflichkeit menschlicher Kreativität. Sie geht einher mit der tief in den Prinzipien der Aufklärung und der Vernunft verwurzelten Fähigkeit, sich gegenseitig zu verstehen und zu achten – und mündet in das Vertrauen, dass jeder und jedem Einzelnen oder doch der erdrückenden Mehrheit von uns das Verantwortungsbewusstsein angeboren ist, im Zweifel die eigene Selbstsucht zu zügeln, wenn es das gemeine Wohl erfordert.

Unausweichlich ist eine solche Haltung mit persönlichen Risiken verbunden. Bereitschaft zum Risiko ist eine ethische Kategorie. Sie zu kennen und sich nach ihr zu richten – das kennzeichnet die unabdingbare Voraussetzung für eine Verantwortung, die über die engen eigenen Interessen hinausgreift. Sie gilt für ausnahmslos alle Führungsaufgaben in Bereichen, die gesellschaftliche Bedeutung haben, und dazu zählt keineswegs nur die Politik, sondern genauso zählen die unternehmerische Wirtschaft, die Gewerkschaften und alle sonstigen zivilen Institutionen mit übergreifender Relevanz in diese Reihe.

Mit anderen Worten: Führung (wir werden noch darauf zurückkommen) heißt, die Probleme von heute mit dem Mut zur Zukunft anzupacken, anstatt die Dinge aus träger Feigheit vor unangenehmen Wahrheiten vor sich herzuschieben und damit am Ende Selbstmord zu begehen.

Ein solcher Weg ist allerdings mit einem schwerwiegenden Dilemma verbunden. Unweigerlich trifft es diejenigen, die an die Allgewalt des reinen Verstandes, der Zahlen und des ungezügelten Wettbewerbs glauben, hingegen die Einhaltung ethisch begründeter Grundsätze für zweitrangig, wenn nicht gar für hinderlich halten. Und der gleiche Zwiespalt trifft umgekehrt auch alle anderen, die allein auf den Vorrang eben jener ethischen Grundsätze vertrauen und sich fest auf das Gute im Menschen verlassen wollen.

Letzten Endes unterliegen beide, die bedingungslosen Rationalisten wie die unverbrüchlichen Moralisten, einem gleichermaßen tödlichen Irrtum: Friede und Freiheit werden einer menschlichen Gemeinschaft nur dann gelingen, wenn sie in dem genannten Sinn den Mut zum Fortschritt aufbringt – und zugleich gewährleistet, dass dabei die grundlegenden Prinzipien des menschlichen Zusammenlebens auf der Grundlage eines ethisch begründeten Anstands gewahrt bleiben.

Doch gerade deswegen, weil dieses Dilemma unausweichlich ist, fasse ich die Erfahrung meines Lebens mit einer zuversichtlichen Hoffnung zusammen. Sie leitet sich aus der vielfach belegten Beobachtung her, dass wir auf eine Generation junger Menschen zählen können, die sich weder in die eine noch in die andere Richtung von billigen Verführungen verleiten lässt.

Unzählige junge Europäerinnen und Europäer haben das längst verstanden. Sie spüren, dass die Flucht in nationalistische Erdlöcher zur Katastrophe führen muss – einer Katastrophe, die sich in nichts davon unterscheidet, sollten wir uns blindäugig der Eigengesetzlichkeit eines sogenannten technischen Fortschritts ausliefern wollen, ohne rechtzeitig seine gesellschaftlichen – und damit politischen – Konsequenzen zu bedenken.

»Weit hinten in der Türkei«: Unwiederbringlich vorbei sind die Zeiten, als uns die engen Grenzen des Gewohnten noch sichere Zuflucht zu bieten schienen. Mehr noch, dank Klimawandel, dank Digitalisierung, dank Globalisierung – und von Pandemien begleitet – ist die ganze Welt zu unserer nächsten Umgebung zusammengewachsen.

Das zu begreifen fällt schwer. Erleichtert wird es uns allenfalls, wenn wir hie und da auch zurückdenken an die eine oder andere Entwicklung, die schon vergessen scheint, obwohl sie doch nur um wenige Sekunden der Weltgeschichte zurückliegt. Ob wir es wollen oder nicht: Wir müssen uns auf den Weg machen.

Weit hinten in der Türkei?

Erinnern Sie sich noch an *nine eleven*?

Ich jedenfalls erinnere mich sehr genau daran. Der Nachmittag des 11. September 2001 – vor inzwischen 20 Jahren. Zusammen mit einem guten Bekannten saßen wir hinten in einem komfortablen Auto, auf der Rückfahrt von einem Treffen außerhalb Berlins zurück in die Stadt. Zum Zeitvertreib baten wir den Fahrer, die Radionachrichten anzustellen. Übergangslos wurden wir in den Bericht geworfen, der ebenso atem- wie fassungslos schilderte, was geschehen war: dass zwei Flugzeuge, voll mit unschuldigen Passagieren, nacheinander mutwillig in die beiden Türme des World Trade Center in New York gesteuert worden waren, dort explodiert seien, die Gebäude zuerst in Brand gesteckt und anschließend zum Einsturz gebracht hätten.

Uns verschlug es die Sprache. Weit mehr als das: Was da geschildert wurde, überstieg jedes Vorstellungsvermögen. Es schien, als stamme es aus einem Fantasieroman.

Erst als am Abend die Bilder des Grauens über die Bildschirme gingen, wurde für alle von uns Realität daraus. Das setzte sich in den folgenden Wochen täglich fort, als Schritt um Schritt die Einzelheiten des Verbrechens und der beiden anderen Anschläge vom gleichen Tag bekannt und mit Bildern unterlegt wurden, als wir Näheres über die Täter, ihr Aussehen, ihr Herkommen erfuhren – und davon, welche wahnwitzigen Motive sie angetrieben hatten.

Monatelang gab es kein anderes Thema. Sensationen dieser Art haben nun einmal die Eigenschaft, nicht nur das eigene Empfinden zu vernebeln, sondern darüber hinaus auch das Denken lahmzulegen. Seien wir doch ehrlich: Ist uns das hier bei uns, hier in Europa, alles wirklich genauso nahe unter die Haut gegangen wie denjenigen, die es in New York aus der Nähe miterlebten oder gar ihre Nächsten verlieren mussten? Haben wir wirklich verstanden, dass sich das grauenhafte Ereignis nicht nur in der Ferne jenseits des Ozeans abgespielt hatte, sondern dass es uns selbst nicht minder unmittelbar anging als das unsägliche Leid derer, die selbst – oder deren Angehörige – zum Opfer der Mordtat geworden waren?

Nein! Allzu bald wich der erste Schreck einem allenfalls neugierigen Desinteresse. Zwar erklärte der ominöse damalige Präsident George W. Bush offiziell dem »Terror« und insbesondere jener Organisation, die sich unter der Bezeichnung al-Qaida in so widerlicher Selbstgerechtigkeit der Mordserie in den USA rühmte, *den Krieg*.

Die meisten von uns, genau wie die Mehrzahl unserer Politiker und der Medien, waren hingegen schnell genug dabei, das schreckliche Geschehen in den Hintergrund ihres Interesses zu verbannen. Stattdessen stritten wir mit messerscharfen Argumenten über das Für und Wider des nun wahrhaft weltbewegenden Themas, ob man tatsächlich als Staat einer solchen Bande von Terroristen »den Krieg erklären« könne oder dürfe, wo doch als Empfänger derartiger Mitteilungen laut Völkerrecht nur ein anderer Staat legitimiert sei.

Es dauerte dann auch nicht lange, bis die neuesten Fußballergebnisse und die Schlagzeilen von »Bild« über die letzten Seitensprünge der Schickeria, ergänzt um unsere eigenen täglichen Erlebnisse, wieder die Gedanken und Gefühle beherrschten. Al-Qaida – je mehr sich ihre Gräueltaten an allen möglichen Plätzen der Erde wiederholten, desto mehr wurden sie zur Gewohnheit. Achselzuckend gewöhnten wir uns daran, dass brutale Mordanschläge mit unzähligen unschuldigen Menschen als Opfern zur täglichen Nachrichtensendung wurden: Sie fanden ja irgendwo in der Ferne statt, uns selbst trafen sie nicht.

Aufgeweckt wurden wir erst wieder, als der amerikanische Präsident sich 2003 mit seinem britischen Freund, dem Premierminister Tony Blair, und einigen anderen Partnern zu einer »Koalition der Willigen« zusammenfand. Man hatte beschlossen, unter offener Verletzung des Völkerrechts tatsächlich *einen Krieg* zu beginnen.

Dieses Mal ging es allerdings tatsächlich um einen Staat: den Irak und dessen Alleinherrscher Saddam Hussein. Ebenjenen Herrn hatte man freilich nicht lange zuvor durch die Lieferung von Unmengen Kriegsmaterial bei seinem brutalen, mit einer Million Toten gesegneten Krieg gegen den Iran unterstützt und gefördert, obwohl sich weltweit längst zur Genüge herumgesprochen hatte, dass es sich um einen grausamen Diktator handelte, der vor keinem Mord – auch nicht dem durch Giftgas begleiteten Holocaust an der kurdischen Minderheit seines Landes – zurückschreckte.

Zu Recht regten sich wenigstens vorübergehend manche von uns darüber auf, dass eine junge deutsche Politikerin namens Angela Merkel, kurz zuvor zur Vorsitzenden der damals größten Oppositionspartei CDU gewählt, es für angebracht hielt, in Washington dem Präsidenten schöne Augen zu machen und offen gegen den Bundeskanzler Schröder Stellung zu beziehen, weil dieser in deutschem Namen den amerikanischen Freunden die Gefolgschaft verweigert hatte.

Das aber war auch schon alles, was wir an innerem Engagement aufbrachten, obwohl wir wussten, dass es um wahrhaft dramatische Ereignisse nicht weit vor den europäischen, also unseren eigenen Grenzen ging. Über der gewohnten Nabelschau war daraufhin der skandalöse Betrug, den man der Welt zur Begründung des militärischen Einmarsches im Irak vorgespielt hatte, schnell wieder ad acta gelegt worden.

Davor, noch im Jahre 2001, hatte derselbe Präsident Bush unter dem Deckmantel einer Resolution der Vereinten Nationen die NATO-Verbündeten dazu gebracht, die afghanische, von der religiösen Taliban-Bewegung getragene Regierung als vermeintliche oder tatsächliche Verbündete jener Terrororganisation al-Qaida mit einer Invasion durch die sogenannten ISAF-Truppen zu beehren.

Auch dort ging es, so wurde verkündet, nicht etwa um die eigenen strategischen Interessen, sondern um die Trockenlegung einer Heimstatt für weltweit gefährliche Terroristen. Beschönigt wurde der ins Auge gefasste militärische Einsatz zudem mit der Zielsetzung, der einheimischen Bevölkerung dabei zu helfen, ihr Land in eine freiheitliche Demokratie zu verwandeln. In diesem Sinne waren wohl auch tatsächlich die meisten der hierzulande politisch Verantwortlichen überzeugt, dass es den federführenden amerikanischen Partnern im Kern um die Befreiung von religiöser Unterdrückung ginge – Anlass genug für den damaligen deutschen Verteidigungsminister Peter Struck, die Beteiligung der Bundeswehr ebenso lapidar wie trocken mit dem berühmt gewordenen Argument zu begründen, unser Land werde »auch am Hindukusch verteidigt«.

Jedenfalls waren es nur wenige, die – zumindest achselzuckend oder gar zweifelnd – von diesem Abenteuer Kenntnis nahmen. So ist es denn auch ins weltweite Bewusstsein erst wieder gerückt, als sich im Sommer des Herrn 2021 sein grandioses Scheitern erwies und wir aus der Ferne am Bildschirm seine erschütternden Folgen für einen großen Teil der einheimischen Menschen erleben mussten, die vergeblich auf unsere andauernde Unterstützung vertraut hatten.

In gleicher Weise waren auch bereits die zu Beginn des Jahrtausends stattgefundenen Ereignisse erst dann wieder auf reges Interesse gestoßen, als fast zehn Jahre später, 2011, die verzerrten Bilder von der Hinrichtung von Osama bin Laden, dem teuflisch-verirrten Gründungsvater der al-Qaida-Sekte, durch ein amerikanisches Einsatzkommando in seinem pakistanischen Versteck über die Bildschirme flimmerten, mit dem neuen amerikanischen Präsidenten Barack Obama und seiner Außenministerin Hillary Clinton als digitalen Zuschauern.

Dazwischen lagen zwei lange Jahrzehnte der Gewöhnung an die sich endlos wiederholenden Berichte über den nicht enden wollenden Krieg in Afghanistan. Weit mehr noch galt das für den zunächst eroberten, dann zu Freiheit und Demokratie erzogenen und schließlich in die neue Unabhängigkeit entlassenen Irak: korrupte, sich selbst bereichernde Machthaber, mit Sprengbomben und Kalaschnikows ausgetragene Auseinandersetzungen zwischen den Anhängern der verschiedenen islamischen Glaubensrichtungen, Mord und Totschlag in den Städten, Armut und Verzweiflung, Demonstrationen und Hilflosigkeit.

Gewiss gab (und gibt!) es auch hierzulande genügend Menschen, die sich nicht mit dem Elend und dem Grauen abfinden wollen, die sich um Hilfe mühen und versuchen, die Welt aufzurütteln. Doch eine breite Welle der Anteilnahme? Sie wollte und will sich nicht einstellen, unser eigenes Wohl geht allemal vor. Selbstverliebt befreit uns der regelmäßige Millionenerfolg von Spendenaufrufen unserer Fernsehprogramme von der Last des eigenen Mitgefühls und der eigenen Verantwortung – denn was scheren uns schon ernsthaft die Taten von hoffnungslos Irregeleiteten in einer weit zurückgebliebenen Region?

Schließlich, wiederum 2011, ist auch im Nachbarland des Iraks, in Syrien, der Aufstand losgebrochen. Inzwischen hat sich daraus ein mörderischer Krieg entwickelt. Zwar nähert er sich mit dem Sieg der Mörderbande seinem grausigen Ende zu, fordert aber unverändert

Tag um Tag schreckliche Opfer. Nicht nur waren die USA als veritable Weltmacht im Wettstreit mit dem erneut ans Sonnenlicht seiner regionalen Machtinteressen strebenden Russland Putins, sondern nahezu alle mittelöstlichen Staaten darin verwickelt: Plötzlich mussten die Europäer zur Kenntnis nehmen, dass auch sie selbst ganz unmittelbar davon betroffen sind.

Welchen Ameisenhaufen voller fundamental gegensätzlicher, sich nahezu täglich widersprechender Nachrichten haben wir seitdem erlebt – freilich nicht nur wir in unseren gemütlichen Wohnzimmern, sondern vor allem die unzähligen unschuldigen Menschen, die so grauenhaft durch die dahinterstehenden Realitäten am eigenen Leibe betroffen worden sind.

Aus sicherer Entfernung haben wir zu Anfang in unseren Gazetten noch wohlwollend Beifall geklatscht, als sich mutige Aufständische auf den Weg machten, den Diktator Baschar al-Assad und sein ebenso korruptes wie grausames Regime zum Teufel zu jagen. Für den Hintergrund interessierten sich jedoch nur wenige. Abgesehen davon, dass von Wladimir Putin und seinem machtpolitischen Ehrgeiz noch keine Rede war, kam zudem niemand auf die Idee, jenes ebenso obskure wie undurchschaubare Gerangel ernst zu nehmen, welches sich angeblich oder wirklich zwischen solchen exotischen Staatsgebilden wie dem Iran auf der einen und Saudi-Arabien auf der anderen Seite abspielen sollte, um ihren jeweiligen Einfluss im fernen Syrien zu sichern.

Die Herren Recep Tayyip Erdoğan und Assad gaben sich noch freundschaftlich verbunden. Offensichtlich bildeten sie sich ein, die Regionen ihrer Herrschaftsgebiete mit kurdischen Bevölkerungsmehrheiten auf diese Weise davon abhalten zu können, den Traum zu realisieren, den diese schon seit unzähligen Generationen geträumt hatten: endlich als eigenständige Nation einen unabhängigen Staat zu bilden. Doch was sollte uns das schon angehen?

Angesichts der vermeintlich unüberwindlichen militärischen Stärke der Vereinigten Staaten einschließlich der NATO konnte sich zudem niemand vorstellen, dass die dortigen Vorgänge schon in sehr naher Zukunft ganz unvermittelt das politische und gesellschaftliche Geschehen nicht nur hier bei uns in Deutschland mitbestimmen, sondern sogar einen weiteren Baustein dazu liefern könnten, die Existenz der Europäischen Union infrage zu stellen.

Handgreiflich klar geworden ist uns das alles wohl erst 2015, als die vielen Flüchtlinge so unerwartet zu uns hereinströmten. Lange genug hatte es also gedauert, bis sich das schreckliche Drama ausreichend hochgesteigert und uns endlich das Schicksal von Millionen unschuldiger Menschen nähergebracht hatte. Doch hatten wir damit auch schon begriffen, wie hautnah wir selbst längst zum unmittelbaren Teilhaber des Geschehens vor unseren Türen geworden waren?

Ernsthaft aufgestört hat uns da eher noch ein anderes Ereignis, das sich zuvor kaum jemand hatte vorstellen können: die Wahl eines Immobilienspekulanten namens Donald J. Trump zum Präsidenten der Vereinigten Staaten von Amerika – der sich mit der ihm eigenen Mischung aus Dummheit und Verschlagenheit unter dem wahnwitzigen Slogan *Make America Great Again* auf dem Weg machte, die Welt neu zu ordnen und damit womöglich an eine ungeahnte Katastrophe heranzuführen.

Dabei wäre schon die Entwicklung im Nahen Osten – nicht anders als in Libyen – längst Grund genug gewesen, uns aus unserer satten Selbstzufriedenheit aufzuwecken. Vergleichbar mit dem Ausbruch der Corona-Pandemie hätten wir dann erfahren, wie schnell es auch für uns selbst lebensgefährlich werden kann, wenn wir versuchen, Ereignisse zu verdrängen, die sich in vermeintlich sicherer Ferne abspielen.

So hätten wir zum Beispiel lernen können, was geschieht, wenn sich Menschen wie Assad, der in seinen jüngeren Jahren als zivilisierte, einer Öffnung seines Landes zu demokratischen Freiheiten durchaus zugeneigte Persönlichkeit galt, unversehens in rücksichtslose Diktatoren verwandeln – und wie schnell dabei die Grenzen brüchig werden, die uns, vermeintlich oder wirklich, früher einmal gegen Unheil geschützt haben.

Insofern wäre uns sicherlich auch der Vergleich mit dem Herkommen des türkischen Alleinherrschers Erdoğan aufgefallen. Nicht anders als Assad hat auch er seinen Weg in die politische Führungsverantwortung mit der zunächst glaubhaft klingenden Versicherung angetreten, die demokratischen Freiheiten fördern und sein Land an Europa heranführen zu wollen.

Erdoğan stammt aus einem Umkreis, den man üblicherweise als »kleinste Verhältnisse« bezeichnet. Ganz ähnlich wie der so einfühlsam geschilderte Junge namens Mevlut in Orhan Pamuks meisterhaftem Roman »Diese Fremdheit in mir« musste er schon als Heranwachsender lernen, sich in seiner Heimatstadt Istanbul als Straßenverkäufer durchzuschlagen. Von vornherein zählten dazu der Mut und die Rücksichtslosigkeit, mit allen denkbaren Tricks – und notfalls auch mit der Gewalt der eigenen Fäuste – im brutalen täglichen Wettbewerb zu bestehen.

Alles andere musste zunächst warten, bis er eine ausreichende Bildung nachgeholt hatte und schließlich die Chance bekam, sich zum Imam ausbilden zu lassen – um später entgegen allen Meinungsumfragen zum Oberbürgermeister der riesigen Metropole Istanbul gewählt zu werden und eine unbestreitbar glänzend erfolgreiche Wahlperiode hinzulegen.

Für den Rest seines politischen Lebens übrig geblieben ist jedenfalls eine ihm von Jugend an eingeschweißte Erfahrung: entweder du oder ich – ohne Alleinherrschaft kein Überleben!

Auf den ersten Blick könnte niemand auf die Idee kommen, im Lebensweg von Baschar al-Assad ernsthaft nach Parallelen zu suchen. Sein Vater Hafiz, nahezu 30 Jahre lang brutaler Diktator seines Landes und rücksichtsloser Unterdrücker jeglicher demokratischen Bestrebungen, setzte zunächst auf seinen ältesten Sohn als Nachfolger. Der jüngere Baschar hingegen wurde zur Erziehung nach England geschickt, und man legte ihm keine Steine in den Weg, als er sich anschließend zum Arzt ausbilden ließ, um gemeinsam mit seiner gleichfalls modern ausgebildeten Frau eine rein zivil ausgerichtete Karriere zu beginnen.

Sein politisches Leben begann also erst, als er – nach dem unerwartet frühen Tod seines älteren Bruders und dem bald darauffolgenden Tod seines Vaters – eher widerstrebend zum Generalsekretär der von der überwiegend alawitischen und angeblich auf ein friedliches Zusammenleben ausgerichteten Oberschicht beherrschten Baath-Partei und bald darauf zum Staatspräsidenten gewählt wurde.

Mehr oder minder unerwartet setzte das politische Leben von Assad gleich mit einem gehörigen Paukenschlag ein: Kaum gewählt, brach zu Anfang 2001 der »Damaszener Frühling« aus, der durch die Einführung einer bisher unvorstellbaren Meinungs- und Pressefreiheit ebenso wie die Zulassung frei gewählter demokratischer Parteien gekennzeichnet war.

Das löste wirtschaftliche und politische Folgen aus, die in jeder Hinsicht als chaotisch bezeichnet werden müssen. Die alte Garde des Landes – die familiären Klüngel, die traditionell die Pfründen des Landes unter sich aufgeteilt hatten – zwang den reformfreudigen jungen Mann schon im Herbst des folgenden Jahres zur Umkehr. Alle eingeleiteten Reformen wurden auf Eis gelegt und bald darauf endgültig widerrufen. Damit wendete sich der zunächst auf Liberalisierung und Demokratisierung ausgerichtete politische Weg von Assad, um schließlich in einer mörderischen Diktatur zu enden.

Allerdings ist es durchaus ernst zu nehmen, wenn manche kluge und erfahrene Zeitgenossen davon abraten, sich bei der kritischen Auseinandersetzung mit der Entwicklung sowohl in Syrien als auch in der Türkei allzu einseitig auf die beiden Alleinherrscher zu beschränken. Gewiss gibt es jeweils auch noch eine ganze Reihe anderer wichtiger Einflussfaktoren, die das Geschehen in beiden Ländern bestimmen.

Trotzdem ist nicht zu übersehen, wie meisterhaft es sowohl Assad als auch Erdoğan seit jeher verstanden haben, sich als Verfolgte böser auswärtiger Feinde darzustellen und sich damit die ergebene Solidarisierung großer Teile ihrer Bevölkerung zu sichern. Nicht weniger oberflächlich wäre es zudem, sich zur Charakterisierung ihrer Untaten lediglich auf die Wertvorstellungen zu beschränken, die eine freiheitliche Demokratie kennzeichnen, anstatt manche Traditionen zu übersehen, die teilweise in ihrem Umfeld heimisch sind.

Daher können wir wohl in der Tat nur hoffen, dass sich die einst durch Kemal Atatürk in der Türkei gepflanzten Wurzeln für ein freiheitlich-demokratisches Staatswesen am Ende doch noch als stark genug erweisen, um die endgültige Festigung einer mit Syrien vergleichbaren Entwicklung zu verhindern. Die zwar aus unterschiedlichen Lebenserfahrungen erwachsene, im Ergebnis aber doch vergleichbare Mentalität der beiden Staatschefs mahnt allerdings zur Vorsicht. Der Weg, auf den sich Erdoğan nach dem Putschversuch gegen ihn im Juli 2016 in Richtung auf die Errichtung einer rücksichtslosen Diktatur begeben hat, weil er offensichtlich spürt, dass ihm die Felle davonschwimmen, belegt das deutlich genug.

In Syrien sind die letzten Grenzen zum mörderischen Verbrechen schon seit Langem gefallen. Zudem sorgen die durch Erdoğan nach Syrien beorderten türkischen Invasoren inzwischen gemeinsam mit den Schergen von Assad dafür, dass immer mehr kurdischstämmige Menschen keinen anderen Ausweg mehr finden, als aus ihrem angestammten Land zu fliehen. Noch sehr viel intensiver als jemals zuvor sollten wir auch deswegen die Entwicklung in der Türkei als unsere eigene Angelegenheit im Auge behalten – und nicht nur dann, wenn wir von kurzsichtigen Betrachtern dazu verführt werden, zufällig auftretende Probleme, die hierzulande gelegentlich durch Menschen türkischer Abstammung hervorgerufen werden, als grundlegende Belastung unserer Gesellschaft misszuverstehen.

Sollte es uns irgendwann wieder einmal misslingen, unseren Urlaub in dem so wetterbegnadeten und kostengünstigen Antalya zu verbringen, muss das nicht unbedingt auf den Ausbruch einer weiteren Pandemie zurückzuführen sein. Es könnte vielmehr damit zusammenhängen, dass der ganze Nahe Osten – und die Türkei als Teil davon – endgültig in hellen Flammen steht. Der türkische Staatspräsident hat gehörigen Anteil an dieser Gefahr.

Zu Beginn seiner Regierungszeit als Ministerpräsident, um die Mitte des ersten Jahrzehnts des jetzigen Jahrhunderts, hatte er noch gemeint, sich gemeinsam mit seinem syrischen Nachbarn und ohne großes außenpolitisches Aufsehen jenes schon erwähnte Problem vom Halse schaffen zu können, welches ihren beiden Ländern seit Langem erhebliche Sorgen bereitete: das Erstarken der jeweiligen kurdischen Minderheit. Die Turbulenzen, die auf die durch den US-Präsidenten Bush herbeigeschwindelte Invasion in den Irak folgten, hatten aber eben dazu geführt, dass sich dieser alte Wunschtraum als Illusion herausstellte, während die kurdischen Unabhängigkeitsbestrebungen im Gegenteil ungeahnte neue Kraft gewannen.

Schon im Zusammenhang mit der Gründung der türkischen Republik, kurz nach 1923, hatte sich eine Reihe von kurdischstämmigen Clanführern geweigert, bedingungslos dem von Atatürk ausgegebenen nationalen Motto zu folgen. Es besagte, dass alle in Anatolien lebenden Menschen unabhängig von ihrem ethnischen oder kulturellen Herkommen dem neuen Staatswesen als Bürgerinnen und Bürger der Republik Türkei Gehorsam zu leisten und insbesondere die für das zivile Zusammenleben geltenden Regeln zu befolgen hätten. Das hatte zu bewaffneten Aufständen, zu blutigen Auseinandersetzungen, zu gewaltsamen Niederwerfungen und sogar zu Hinrichtungen in den traditionell kurdisch bewohnten Regionen geführt.

In den folgenden Jahrzehnten gelang es jedoch der neuen Staatsgewalt, diese anfänglich kritische Situation zu entschärfen. Zwar unterdrückten weite Teile der türkischstämmigen Mehrheit nur schwer ihre Überheblichkeitsgefühle als maßgebliche Träger des einstmals so glorreichen Osmanischen Reichs. Nicht zuletzt auf der Grundlage einer resoluten Anwendung des säkularen Prinzips durch Atatürk wurde es trotzdem mit der Zeit für die traditionell in den Grenzen der türkischen Republik lebenden Ethnien selbstverständlich, friedlich zusammenzuleben.

Als ernst zu nehmender Rückschlag brach der alte Antagonismus erst um die 80er-Jahre des vergangenen Jahrhunderts wieder auf. Nicht nur verlor die noch durch Atatürk gegründete Volkspartei CHP politisch ständig weiter an Bedeutung, sondern begleitet wurde diese Entwicklung durch einen häufigen Regierungswechsel. Mit ihrem charismatischen Anführer Abdullah Öcalan an der Spitze witterte eine kurdische Geheimorganisation Morgenluft und begann, mit illegalen – bis hin zu terroristischen – Mitteln Druck aufzubauen und erkennbar auf eine staatliche Autarkie der traditionellen kurdischen Stammesgebiete hinzuarbeiten. Anfänglich versuchte Erdoğan daraufhin, die durch die vorangegangenen türkischen Regierungen mit massiver militärischer Unterstützung eingeleiteten Repressionsmaßnahmen energisch fortzusetzen. Als dies nichts fruchtete, entschloss er sich jedoch zur großen Erleichterung einer breiten Mehrheit der Bevölkerung endlich dazu, ernsthaft auf die Gegenseite zuzugehen.

Mit einem Mal schien ein politischer Frühling ausgebrochen. Erste kleine Schritte wurden getan, um den in den fraglichen Regionen gelegenen Gemeinden und Gebietskörperschaften mit kurdischstämmiger Bevölkerungsmehrheit eine gewisse politische Unabhängigkeit einzuräumen. In den Schulen wurde kurdischsprachiger Unterricht zugelassen, und schließlich wurden sogar entsprechende Sendungen im staatlichen Fernsehen eingeführt. Ein weithin spürbares Aufatmen ging durch das Land, ein friedvolles Zusammenleben in den bis dahin vor allem durch militärische Gewalt zusammengehaltenen Landesteilen schien greifbar nahe.

Das Strohfeuer sollte leider schnell wieder erlöschen. Der militärische Erfolg, den kurdische Milizen mit starker amerikanischer Unterstützung im syrischen Bürgerkrieg erzielten, führte dazu, dass das Entstehen eines eigenständigen kurdischen Staates gleich hinter den Grenzen zur Türkei nicht mehr auszuschließen war. Die damit verbundene Gefahr eines sich anschließenden Machtverlustes auch auf dem eigenen türkischen Staatsgebiet aber kann kein Regierungschef, der politisch überleben will, widerstandslos hinnehmen – schon gar nicht Erdoğan, der von Anbeginn davon geträumt hatte, als mit Atatürk gleichrangiger Anführer in die Geschichte einzugehen, indem er es nach einer langen Periode des angeblichen Niederganges geschafft hat, dass sein Land endlich wieder an den weltweiten Ruhm und die Bedeutung des einstmaligen Osmanischen Reiches anknüpfen konnte.

Nicht im Entferntesten ging und geht es also bei den heutigen Auseinandersetzungen um Fragen der religiösen Zugehörigkeit. Entsprechend schert sich plötzlich der ach so fromme türkische Staatspräsident auch kein Gran mehr darum, dass seine kurdischen Landsleute ebenfalls an den Islam glauben. Religion hin oder her – es zählt nur eines: die Macht des Staates, oder, um es noch klarer zu sagen, die Festigung der eigenen persönliche Macht und der damit verbundenen Pfründen. Genau darum und um nichts anderes aber dreht sich zumindest aus türkischer Sicht der grausige Bürgerkrieg, der nun schon so lange und so schrecklich das benachbarte Syrien verwüstet ...

★

Inzwischen sind die Schlachtertruppen des syrischen Diktators dank der Unterstützung durch Putin auf bestem Wege, ihre aufständischen Gegner endgültig in die Schranken zu verweisen.

Zuvor schien die Zahl der bewaffneten Gruppen, die sich gegenseitig bekämpfen, fast schon nicht mehr übersehbar. Seite an Seite mit dem blutgierigen, bis heute weiter existierenden »Islamischen Staat« (IS) gab es schiitische, sunnitische, alevitische, christliche und säkulare militärische Organisationen. Finanziert wurden sie durch den syrischen Staat, durch Saudi-Arabien und Ägypten, durch den Iran und die Golfstaaten, ganz zu schweigen von der direkten oder indirekten Unterstützung durch die USA, Russland, die Türkei – und sogar durch manche europäische Staaten, die (einschließlich der Bundesrepublik Deutschland) hie und da am Rande des Geschehens als einflusslose Helfershelfer mitspielen durften.

Will man versuchen, dieses in jeder Hinsicht komplexe Geschehen wenigstens oberflächlich zu verstehen, wäre es freilich verfehlt, die historischen Zusammenhänge beiseitezulassen.

Schon im siebten Jahrhundert n. Chr. standen nicht zuletzt die Region um Damaskus und das ganze heutigen Syrien im Mittelpunkt blutiger Auseinandersetzungen. Ursache war nach dem Tod des Propheten Mohammed die Aufspaltung des islamischen Glaubens in die beiden durch die Schia auf der einen, die Sunna auf der anderen Seite gekennzeichneten Richtungen. Allerdings waren solche Glaubensfragen auch schon damals im Kern nur vorgeschoben. In Wirklichkeit ging es, beginnend mit der 680 n. Chr. stattgefundenen Schlacht von Kerbela, um nichts anderes als einen nackten Machtkampf zwischen sunnitischen Kalifen und schiitischen Imamen: Macht war gleichbedeutend mit dem Gewinn von Reichtum zulasten der jeweils Unterlegenen.

So ist es bis heute geblieben. Die Kontrahenten heißen nur nicht mehr Ali oder Hassan, sondern Iran, Saudi-Arabien, Russland oder Türkei. Die USA hingegen, über eine lange Wegstrecke hinweg ein weiterer mächtiger Mitspieler, haben sich, beginnend schon mit der

Amtszeit von Präsident Barack Obama, längst weitgehend aus dem Rennen zurückgezogen, um sich für die Wahrung ihrer traditionellen Erdölinteressen fortan auf die antiquierten Strukturen des saudi-arabischen Königshauses zu verlassen.

Ob die Europäische Union oder einzelne ihrer Mitgliedsländer: Wir Europäer dürfen derweilen allenfalls als militärische oder als humanitäre Hilfstruppe mitspielen, indem wir hie und da Geldbeiträge leisten oder an die Friedfertigkeit und Vernunft der Kontrahenten appellieren. Keiner der unmittelbar betroffenen Kontrahenten nimmt uns jedenfalls noch ernst.

So mussten wir denn auch hilflos zusehen, wie die syrische Armee und vermutlich auch Teile der Aufständischen von allen Seiten mit Giftgas und Nagelbomben aufeinander losschlugen und nicht nur die jeweiligen gegnerischen Ansiedlungen in Schutt und Asche legten, sondern zugleich mit Schulen und Krankenhäusern auch die ihnen hilflos ausgelieferten Menschen grausam massakrierten.

Konnte es einem nicht immer wieder schier übel werden, wenn die Bilder aus Aleppo über die Fernsehschirme flimmerten? Wenn wir die zerrissenen Leiber der Opfer, ob Kinder oder Erwachsene, zu sehen bekamen? Wenn berichtet wurde, dass Hunger und Durst der einfachen Menschen von den Kriegsparteien hemmungslos als Waffen im Kampf eingesetzt zu werden pflegen? Mir jedenfalls ging – und geht – da regelmäßig die Frage durch den Kopf, ob es überhaupt noch menschliche Wesen sind, die zu derartigen Taten fähig sind. Dabei weiß ich natürlich, dass sich hinter einer solchen Frage nur ein blauäugiger Irrtum verbirgt. Weder der deutsche Holocaust noch die mörderischen Taten von Pol Pot und seiner Verbrecherbande in Kambodscha werden hoffentlich niemals lange genug zurückliegen, um vergessen werden zu können.

Freilich sollten wir über dieser Selbstverständlichkeit nicht ganz übersehen, dass auch Gesellschaften, die sich zutiefst an die allgemeinen Menschenrechte gebunden fühlen, sich unter Umständen unmenschlicher Grausamkeiten schuldig machen können. Die Ge-

schichte des amerikanischen Militäreinsatzes während des Viet-
namkriegs spricht insofern ihre eigene Sprache. Und es ist noch nicht
einmal 75 Jahre her, als der britische Luftmarschall Arthur Harris,
genannt Bomber-Harris, die rücksichtslose Flächenbombardierung
ziviler Opfer im feindlichen nationalsozialistischen Deutschland als
legitimes Ziel für die alliierten Luftstreitkräfte propagieren und in
die Tat umsetzen konnte.

Wenn ich über solche Zusammenhänge nachdenke, kommen mir
unweigerlich manche Erinnerungen und Erfahrungen aus dem eigenen Leben in den Sinn.

Von 1935 bis 1946 bin ich in der Türkei aufgewachsen. Meine Eltern waren dorthin vor den Nationalsozialisten geflohen. Zuvor hatte mein Vater Schreckliches durchmachen, meine Mutter um sein
Leben bangen müssen. Auch die Jahre der Emigration in der Türkei
waren in vielerlei Hinsicht nicht sorgenfrei. Doch alles in allem: Wir
hatten das Glück, in einem während der ganzen Zeit ungestört friedlichen Umfeld leben zu dürfen. Von den Grausamkeiten des Kriegs
waren wir nicht, jedenfalls nicht unmittelbar, betroffen, weder von
Bomben, Zerstörung und Tod noch von Verschickung, Verschlep-
pung und Vernichtung. Zwar wussten die Eltern aus Erfahrung, was
es bedeutet, nackte Angst um die Sicherheit der eigenen Existenz haben zu müssen – mir selbst jedoch waren solche Gefühle rundum
fremd. Bis 1946, bis zur Rückkehr nach Deutschland, habe ich mein
tägliches Umfeld kaum anders erlebt, als dies heutzutage für eine
übergroße Mehrheit unserer Mitbürgerinnen und Mitbürger als
selbstverständlich gilt: in ungestörtem Frieden und ungefährdetem
Wohlstand.

Umso größer war der Schock meiner ersten, nun schon mehr als
75 Jahre zurückliegenden Begegnung mit der deutschen Nachkriegs-
geschichte. Aus dem unzerstörten Paris, wo wir auf der Rückreise

nach Deutschland einen Zwischenstopp einlegen mussten, trafen wir an einem kalten Novembervormittag auf dem Hauptbahnhof von Hannover ein. Niemand holte uns ab. So entstiegen wir dem wohlgeheizten, unter alliierter Regie fahrenden Zug, Mutter, Vater und ich je mit einem Koffer in der Hand, um nach dem Ausgang zu suchen. Vom Bahnsteig ging es eine Treppe hinab in einen tunnelartigen, nur spärlich beleuchteten Quergang. Und da lagerten sie: Menschen über Menschen in einem wüsten Durcheinander.

Mir war, als seien wir von einem Augenblick auf den anderen in der Hölle angekommen. Auf den zutiefst erschreckten ersten Blick schienen mir das fremde, unheimliche Wesen aus einer anderen Welt. Teils lagen sie, eng aneinandergedrängt, mit Decken oder einer Art von Stoffresten eingehüllt, auf dem Boden, teils standen sie, einzeln oder in kleinen Gruppen, bewegungslos herum, an den Füßen zerschlissene Schuhe oder auch nur zerlumpte Strümpfe, um sie herum ihre kläglich verbliebene Habe. Allen gemeinsam waren jedoch: die Augen und das Gesicht, ausgemergelt und eingefallen bis auf die Knochen, der Blick apathisch und wie ausgestorben, leblos vor sich hin starrend.

Draußen vor dem mühsam durch Holzplatten zusammengehaltenen Eingang dann die Zeugnisse der Kriegsverwüstung, Trümmerhaufen und verkohlte Gebäuderuinen, die Realität dessen, was die Flüchtlinge da drinnen in vielfacher Weise miterlebt hatten. Die Grafiken, mit denen Francisco de Goya Jahrhunderte zuvor die Schrecken des Kriegs festgehalten hatte, waren Wirklichkeit geworden.

Doch für die Menschen, denen ich an diesem Novembertag im Hauptbahnhof von Hannover begegnet war, sollte ihr Leidensweg noch lange nicht zu Ende sein. Viele Jahre hat es noch gedauert, bis sie in ihrer neuen Heimat aufgenommen, von gleich zu gleich anerkannt wurden, bis ihnen die ansässige Bevölkerung die gleiche Chance einräumte, sich in ihrer Mitte ein neues Leben aufzubauen.

Für die meisten, die es damals miterlebt haben, ist das womöglich längst vergessene Geschichte – und die Jüngeren, die sich heute über den unerwünschten Zuzug von Flüchtlingen erregen, haben kaum je davon gehört.

Gerade heute, auf dem Hintergrund des grausigen Geschehens im Nahen Osten, sollten wir uns dennoch wenigstens hie und da daran erinnern, dass es auch damals um Menschen ging, die vor dem Grauen des Kriegs geflohen waren, die ihr Hab und Gut, soweit es nicht ohnehin zerstört war, zurücklassen mussten, um Leib und Leben zu retten. Wiewohl Deutsche wie wir alle, trafen sie in aller Regel auf das Gegenteil von Hilfsbereitschaft, sondern wurden eher als unerwünschte Eindringlinge empfunden und behandelt. Nicht nur sprachen sie einen oftmals unverständlichen Dialekt, sondern hatten gänzlich andere Lebensgewohnheiten – und, viel schlimmer!, machten der einheimischen Bevölkerung deren eigene kärgliche Lebensbedingungen streitig, ihren Wohnraum, ihre Ernährung, die Heizung und die Arbeitsplätze.

Gewiss wäre es verfehlt, Parallelen zu den heute aus den Kriegsgebieten im Nahen Osten nach Europa fliehenden Menschen zu ziehen. Vergessen sollten wir dennoch nicht, dass auch damals, trotz aller anfänglichen Widrigkeiten, schließlich durch die gemeinsame Anstrengung aller ein wohlgeordnetes Zusammenwachsen gelungen ist, dem am Ende das deutsche Wirtschaftswunder zu verdanken war.

Ich sage dies, um klarzustellen, dass im Zusammenhang mit den mörderischen Auseinandersetzungen, die sich vor den europäischen Grenzen abspielen, der Versuch kaum weiterführen kann, zweifelsfrei festzustellen, welchen der Kontrahenten die alleinige oder auch nur überwiegende Schuld für die Entwicklung in Syrien – oder auch im benachbarten Irak – trifft. Die Zahl der Kandidaten wäre jedenfalls nicht klein, begonnen mit Bush jun. über Assad und Putin bis zu den jeweiligen Potentaten im Iran, in Saudi-Arabien oder in Katar.

Zudem ist es längst zur traurigen Gewissheit geworden, dass die sinnlosen Menschenopfer trotz aller diplomatischer Bemühungen – einschließlich denen der Vereinten Nationen – noch lange kein Ende zu finden scheinen.

Als Folge bleibt die Tatsache, dass nicht nur in Griechenland, sondern auch in der Türkei und im Libanon insgesamt mehrere Millionen unschuldiger Menschen ihr Leben zusammengepfercht in Flüchtlingslagern verbringen mussten und müssen. Was das für sie – und es sind Menschen wie du und ich! – bedeutet, haben die Ereignisse auf der griechischen Insel Lesbos wahrlich grausam genug bewiesen.

Daran ändert sich auch nichts, wenn sich hierzulande manche Idioten in die Behauptung verirren, es handele sich letzten Endes doch »nur« um Menschen, die uns Europäern wegen ihrer Religion oder gar wegen ihrer »Rasse« fremd seien. Sie können damit nicht vergessen machen, wo die Täter des Holocaust zu Hause waren.

Damit ich nicht missverstanden werde: Natürlich weiß ich, dass es hierzulande regelmäßig Tausende und Abertausende gab und gibt, denen die Bilder und Berichte von dem Grauen, das unseren Mitmenschen da draußen angetan wird, das Herz zerreißen. Nicht nur empören sie sich darüber, sondern viele von uns lässt das Gesehene nicht schlafen. Niemand verdient zudem mehr Respekt und Hochachtung als die unzähligen Mitbürgerinnen und Mitbürger, die sich in unterschiedlichster Weise – vor Ort oder hier – dafür einsetzen, das Leid wenigstens einigermaßen einzudämmen. Ebenso gewiss verdient die vielfach bewiesene Bereitschaft Anerkennung, Geld, Kleidung oder Waren zu spenden und damit zu helfen. Fraglos sind wir also weit davon entfernt, einfach wegzusehen und unserer Wege zu gehen.

Trotzdem beharre ich darauf, dass die große Mehrzahl unter uns zumindest über eine lange Wegstrecke hinweg das Kriegsgeschehen im Nahen Osten im Grunde nur mehr oder minder achselzuckend zur Kenntnis genommen hat. Gemeint ist damit das weitverbreitete

Empfinden, dass es doch letzten Endes um Geschehnisse ging, die Goethe eben als »weit hinten in der Türkei« umschrieben hat und die uns selbst daher jedenfalls nicht aus dem blinden Vertrauen in unseren Wohlstand aufzuschrecken brauchten. Mit anderen Worten: Wer von uns hatte bereits vor dem Herbst 2015 begriffen, dass es sich bei dem Geschehen in den Ländern des Nahen Ostens in Wirklichkeit um Vorgänge handelt, für die genau das gilt, wovon die alten Römer *et tua res agitur*[1] zu sagen pflegten?

Nach Meinung einiger lautstarker Populisten – und sogleich opportunistisch nachgeplappert von den damaligen Granden der CSU – stürzten die mehr als 800 000 Flüchtlinge unsere ganze Gesellschaft unaufhaltsam ins Chaos. Der damalige österreichische Bundeskanzler, zu Anfang mutig auf der Seite seiner deutschen Kollegin, hängte schnellstens seine Fahne in den Wind und berief auf Betreiben seines jugendlich-forschen, zwischenzeitlich selbst zu höheren Weihen gelangten Außenministers Sebastian Kurz eine Konferenz mehrerer anderer östlicher Regierungschefs ein. Ganz auf der Linie des ungarischen Ministerpräsidenten Viktor Orbán beschlossen sie, unverzüglich ihre Grenzen zu schließen, also Griechenland (als ihr Mitgliedsland in der EU!) mit den fliehenden Menschen alleinzulassen.

Am Ende blieb nichts übrig, als sich der Willkür des türkischen Diktators auszuliefern und ihm mit Milliarden Euro die gütige Bereitschaft abzukaufen, unter Aufnahme zusätzlicher Flüchtlinge in den ohnehin überfüllten Lagern seines Landes ihren weiteren ungehinderten Zustrom nach Europa zu verhindern.

Uns stockte der Atem. Von einem Tag zum anderen wussten tatsächlich weite Teile unseres Landes nicht mehr, wie wir mit den eintreffenden Menschen fertigwerden sollten. Schuldzuweisungen waren da schnell zur Hand. Ob die Beamten an der Grenze oder die Polizei im eigenen Umfeld: Jedenfalls waren es »die da oben«, »die

---

1 deutsch: Es geht um deine Sache!

Politiker« und »die Bürokraten«, die an der Misere schuld waren – vor allen anderen natürlich die bekanntlich auf der linken Seite der Gesellschaft angesiedelten »Gutmenschen«, die grundsätzlich nicht fähig waren, einer Fliege etwas anzutun, auch wenn diese Insekten dabei waren, uns mit tödlichen Seuchen zu infizieren ...

An der Spitze die Bundeskanzlerin: Über die Köpfe der europäischen Partner hinweg hatte sie mit ihrer blauäugig-naiven Versicherung »Wir schaffen das!« dafür gesorgt, dass sich das vermeintliche Gesindel von faulen, unfähigen und zudem gefährlichen Menschen, angezogen von einem erträumten Schlaraffenland, voller Hoffnung in Richtung Deutschland auf den Weg machen konnte.

Bald meinten wir, genau zu wissen, was geschehen musste, damit unser hart erarbeiteter Wohlstand (ganz zu schweigen von der Sicherheit unserer Frauen und unseren so hochbewährten kerndeutschen Eigenschaften!) nicht von den Flüchtlingen zunichtegemacht wird. Wem es nicht von selbst einfiel, dem sagte die CSU, wo es langgehen muss: So schnell wie möglich in geschlossene Lager einsperren, die wenigen echten Flüchtlinge aussortieren, den Rest dorthin zurückschicken, woher sie gekommen waren.

Gewiss stand zwar die Pflicht des Staates, politisches Asyl zu gewähren, als Grundrecht in unserem hochgelobten Grundgesetz – doch durfte das darüber hinwegtäuschen, dass die Flüchtlinge nahezu ausnahmslos von einem ganz anderen Motiv dazu angetrieben waren, die Strapazen einer beschwerlichen Reise durch den Balkan auf sich zu nehmen: nämlich dem Wettrennen in die Hängematte unseres von dir und mir doch bekanntlich unter größten Entbehrungen aufgebauten und finanzierten Sozialsystems?

Mag sein, dass es nicht nur Geiz und Missgunst waren, die hinter solchen Einstellungen standen. Zumindest manche erinnerten sich noch daran, dass ihnen Merkel kaum mehr als zehn Jahre zuvor eingeredet hatte, Deutschland stehe »am Abgrund«. Wie schon anlässlich der Ankunft der Flüchtlinge aus dem Osten in der ersten Nachkriegszeit schienen jedenfalls unzählige unserer Mitbürgerinnen und Mitbürger fest davon überzeugt, dass ihr Wohlstand nun tödlich gefährdet sei.

Inzwischen scheint es, als würde jener Herbst des Jahres 2015 ewig zurückliegen. Die Bilder der mit erbarmungswürdigen Flüchtlingen aus afrikanischen Ländern überladenen Boote, die verzweifelt versuchen, die Küsten unseres mit ihrer Unterbringung alleingelassenen Nachbarlandes Italien zu erreichen, stören kaum noch jemanden beim Schlaf. Dazu mögen die Belastungen der Corona-Pandemie kräftig beigetragen haben. Trotzdem wäre es ein unverzeihlicher Fehler zu meinen, wir könnten uns fortan wieder, wie zuvor gewohnt, achselzuckend zurücklehnen und tatenlos zusehen, wie sich die Situation auf den Straßen vor unserem Haus, sprich: im Nahen Osten, weiter entwickelt – wobei es dem russischen Präsidenten dank des Dilettantismus der USA und der zögerlichen Schwäche der Europäischen Union inzwischen gelungen ist, sich zum letzten Endes mächtigsten Herrscher – und Schiedsrichter – in der ganzen Region aufzuschwingen.

Für uns Europäer bleibt derweilen die nüchterne Frage, welche Folgen es eines Tages für unsere Zukunft nach sich ziehen mag, sollte uns auch weiterhin nichts anderes einfallen, als dem Geschehen ebenso hilf- wie ratlos zuzusehen. In Übereinstimmung mit der AfD kannten und kennen die Herrschaften Le Pen, Orbán, Kaczyński und Wilders eine klare Antwort auf diese Frage. Sie lautet, es gäbe nun einmal Angelegenheiten, die einzig und allein Sache der einzelnen, jeweils unmittelbar betroffenen Mitgliedsstaaten seien. Daraus schließen sie, »Brüssel« müsse endlich daran gehindert werden, sich unter Berufung auf angeblich übergeordnete europäische Interessen in ihre jeweiligen nationalen Belange einzumischen – und folgern daraus, dass es zur Bewältigung der Flüchtlingsbewegungen völlig ausreiche, einfach das Dublin-Abkommen der EU strikt einzuhalten und die Verantwortung für Flüchtlinge aller Art jeweils demjenigen Staat zuzuordnen, dessen Grenzen sie zuerst überschritten haben. Im Klartext: Verschon' mein Haus, zünd' andere an.

Weltmacht China

Lassen wir ruhig dahingestellt, was sich letzten Endes hinter der nationalistischen Kurzsichtigkeit einiger europäischer Regierungschefs und ihrer Parteien verbirgt: die Dummheit, sich einzubilden, dass die traditionellen Nationalstaaten auch nur die Spur einer Chance haben, allein auf sich gestellt dem Druck der weltweiten Supermächte zu widerstehen – oder die Rücksichtslosigkeit, das langfristige Schicksal des eigenen Landes eigenen politischen Tagesinteressen zu opfern. Übertroffen wird diese blinde Selbstsucht jedenfalls noch durch ein weiteres Phänomen: die Leichtfertigkeit, die mancherorts immer noch das dramatisch zunehmende Gewicht verdrängt, mit dem sich die sogenannte Volksrepublik China in der Gestaltung des künftigen Weltgeschehens festsetzt. Auch ich habe lange genug dazu gezählt: »Weltmacht China« – sollte das ein Witz sein?

Im Vorstand der Daimler-Benz AG hatten wir um die Mitte der 80er-Jahre des vorigen Jahrhunderts damit begonnen, uns Gedanken über die langfristige Zukunft unseres Unternehmens zu machen. Dabei gingen wir davon aus, dass sich die traditionellen Automobilmärkte in nicht allzu ferner Zukunft als gesättigt erweisen könnten, ja, weit darüber hinaus, dass dies – zusammen mit den zunehmenden umweltpolitischen Belastungen und unter dem Einfluss der aufkommenden neuen Technologien – unsere zukünftige Entwicklung sogar grundlegend infrage stellen könnte.

Angesichts der unaufhaltsam fortschreitenden Rationalisierung benötigten wir also, so unsere Schlussfolgerung, nicht nur neue Märkte, sondern auch zusätzliche Tätigkeiten, um uns ausreichende Marktchancen zu sichern. Die nach dem damals bereits absehbaren Zusammenbruch des sowjetischen Imperiums zugänglich werdenden osteuropäischen Länder waren als Märkte für den Absatz von traditionellen Automobilen allesamt zu unbedeutend. In Südamerika – vor allem in Brasilien – konnten wir erfahrungsgemäß gleichfalls nicht mit nennenswerten Zuwachsmöglichkeiten rechnen. Und was Afrika anging, schien es angesichts des dortigen Standes der politischen und sozialen Erwartungen von vornherein utopisch, zumindest in unserer traditionellen Preiskategorie in absehbarer Zukunft auf nennenswerte Absatzmöglichkeiten zu setzen.

Es blieb also nur die Hoffnung auf Chancen im asiatischen Raum. Anders gesagt: Wir mussten, neben der sich selbst damals noch zu Europa zählenden Türkei, unbedingt so bevölkerungsreiche Länder wie Indien oder Indonesien – und möglicherweise eines Tages sogar Russland – ins Auge fassen.

Doch China?

Natürlich gab es in Japan längst ein bedeutendes fernöstliches Industrieland mit einer hoch qualifizierten Bevölkerung und einer stabilen Gesellschaftsstruktur. Doch nicht nur hatte seine einheimische Automobilindustrie ihre westlichen Wettbewerber bereits kräftig das Fürchten gelehrt, sondern wir konnten unsere eigenen Wachstumschancen auf dem dortigen Heimatmarkt getrost vernachlässigen. Die Volksrepublik China hingegen hatte schon über Jahre hinweg ein Musterbeispiel dafür geliefert, wie ein kommunistisches Zwangsregiment die über Jahrtausende hinweg gewachsenen Fähigkeiten einer riesigen Kulturnation zugrunde richten konnte.

Ich will hier selbstverständlich nicht versuchen, die jahrtausendealte Geschichte Chinas auf einen kurzen Nenner zu bringen. Immerhin gehörte es auch bei uns zum üblichen Allgemeinwissen, dass China früher einmal – noch weit vor dem japanischen Kaiserreich – das politisch, wirtschaftlich, militärisch wie kulturell führende Land im ganzen Fernen Osten gewesen war. Nicht wenige erinnerten sich zudem an die überragende Rolle, die China über Jahrhunderte hinweg in den europäisch-ostasiatischen Handelsbeziehungen gespielt hatte.

Aber weit mehr als solche Erinnerungen aus dem Schulunterricht war es für uns eben nichts als eine schlichte Realität, dass das riesige Reich im Verlauf des 19. Jahrhunderts den Anschluss an die weltweite industrielle Revolution verpasst hatte und auf den Stand eines ohnmächtigen und unbedeutenden Agrarstaates zurückgefallen war.

In der zweiten Hälfte desselben Jahrhunderts war China zudem nach opferreichen militärischen Auseinandersetzungen mit mehreren europäischen Ländern – unter Einschluss von Deutschland – und mit Japan hilflos in die Hände übermächtiger privatkapitalistischer Interessen gefallen. Darüber hinaus hatten sich nach dem Ersten Weltkrieg die Versuche eines so bedeutenden Politikers wie Sun Yat-sen, eine demokratisch legitimierte Regierungsform einzuführen und die traditionelle Korruption einzudämmen, schnell als Blütenträume erwiesen – bevor das Land alsbald mit einem blutigen Bürgerkrieg überzogen wurde.

In diesem Krieg standen sich zwei Parteien gegenüber: Auf der einen Seite die Kuomintang, die sich im Wesentlichen auf die westlich gebildete, überwiegend in den wohlhabenden pazifischen Hafenregionen ansässige Minderheit der Bevölkerung stützte, und auf der anderen Seite die durch das sowjetische Russland gestützte, durch den charismatischen Mao Zedong angeführte Kommunistische Partei, die vorgab, die Zukunftshoffnungen der zutiefst verarmten, aber eben riesig großen Landbevölkerung zu vertreten.

Nach der Niederlage Japans und dem Ende des Zweiten Weltkriegs hatte schließlich die von Marschall Chiang Kai-shek geführte Kuomintang-Regierung das Festland aufgeben und sich auf die Insel Taiwan zurückziehen müssen. Seitdem hatte Mao Zedong das Land fest im Griff. Und niemand konnte spätestens nach der von ihm inszenierten »Kulturrevolution« noch ernsthaft daran zweifeln, dass er sich zusammen mit seiner Gefolgschaft unaufhaltsam auf den Weg gemacht hatte, in China eine Gesellschaftsform zu errichten, die mit westlichen Vorstellungen von Freiheit und Demokratie gänzlich unvereinbar war.

Niemand im Vorstand oder Aufsichtsrat, der sich gegen Ende der 1980er-, Anfang der 1990er-Jahre bei Daimler-Benz Gedanken über die langfristige Sicherung des Unternehmens machte, konnte sich unter diesen Umständen auch nur im Traum vorstellen, dass sich in wenigstens einigermaßen absehbarer Zeit auf einem chinesischen Markt nennenswerte Absatzchancen für westliche Industrieprodukte – und gar für Mercedes-Benz-Fahrzeuge – eröffnen könnten.

Auf eben diesem Hintergrund machte ich pflichtgemäß, in Wirklichkeit aber wohl kaum mehr als aus Neugier, von Beijing aus eine kurze Stippvisite nach China hinein. Gewiss zutiefst beeindruckt von den gängigen kulturellen und geschichtlichen Touristenattraktionen, von der Großen Mauer über den Kaiserpalast bis zu den unterirdischen Soldatenstatuen in Xian, kam mir dabei sogleich die legendäre Aussage von Konrad Adenauer von der »gelben Gefahr« in den wohlwollend-spöttischen Sinn, als ich am ersten Morgen staunend die bis zum Rand mit Fahrradfahrern überquellenden Straßen der Hauptstadt erlebte, fortbewegt durch eine von Kopf bis Fuß einheitlich gekleidete und dadurch in geheimnisvoller Weise uniform wirkende Menschenmenge. Unweigerlich musste sich da die Frage aufdrängen, ob es jemals einer nicht frei gewählten Regierung oder Partei auf Dauer gelingen könne, einer auf bereits mehr als eine Milliarde zählenden Bevölkerung von oben ihren Willen aufzuzwingen – oder ob es nicht zwangsläufig irgendwann eine Revolution mit unabsehbaren Folgen geben müsse, sollten sich eines Tages die westlichen Verlockungen von Freiheit und Wohlstand nur ausreichend herumsprechen.

Umso größer das Wunder, zu dessen staunenden Zeugen wir allesamt inzwischen geworden sind: Während der seitdem vergangenen gerade einmal drei Jahrzehnte hat sich das Regiment der kommunistischen Einheitspartei nicht nur gefestigt, sondern scheint nahezu unantastbar geworden. Zugleich hat sich die Volksrepublik China sowohl zu einer der wichtigsten Handels- als auch der führenden Technologienationen entwickelt – mit dem größten Automobilmarkt der Welt!

Freilich haben Wunder regelmäßig ihren Preis. Und wir Europäer wären mehr als gut beraten, aufzupassen, dass der Anteil von diesem Preis, der uns aufgezwungen wird, zum Schluss nicht unsere gemeinsamen Kräfte übersteigt.

Gewiss: Genau wie beim Geschehen im Nahen Osten mögen womöglich manche der blind auf sich selbst vertrauenden europäischen Staaten wie etwa Großbritannien die Entwicklung der Volksrepublik China achselzuckend an sich ablaufen lassen – vorausgesetzt, sie sind tatsächlich überheblich oder dumm genug, sich einzubilden, sie könnten es sich leisten, allein auf sich selbst zu vertrauen.

Mit anderen Worten: Zusammen mit den Brexiteers müsste man sich wohl einbilden, mächtig genug zu sein, um sich allein gegen die ganze Welt zu behaupten. Man könnte auch nach Art von Donald Trump versuchen, um sich herum eine Mauer zu errichten – und sich zugleich vorgaukeln, es reiche aus, gegenüber den chinesischen Machthabern den Kraftprotz herauszukehren. Oder könnte es sich gar für ein Land wie die Bundesrepublik Deutschland empfehlen, sich einfach darauf zu verlassen, dass es uns doch politisch wie wirtschaftlich in jeder Hinsicht fabelhaft gut geht – und die Chinesen uns ohnehin schon immer ob unserer Kompetenz als Vorbild bewundert haben?

Demgegenüber wissen jedoch nicht nur alle diejenigen, die wir mit der politischen Verantwortung für unsere Zukunft betraut haben, sondern genauso die weit überwiegende Mehrzahl unserer Unternehmen längst aus eigener Erfahrung, dass sich eben nicht nur das Geschehen im Nahen Osten, sondern genauso auch die Entwicklung in China inzwischen unmittelbar vor unserer eigenen Haustür abspielt. Folglich ist es höchste Zeit, uns auch innerlich damit abzufinden, dass es sich eines nicht allzu fernen Tages als tödlicher Irrweg erweisen wird, sollten wir uns jemals einbilden, unser individuelles Wohlergehen für die Zukunft wahren zu können, ohne uns damit abzufinden, in welchem Ausmaß wir längst der weltpolitischen Entwicklung ausgeliefert sind.

In diesem Sinne sollte es uns denn wohl auch aufmerken lassen, in welcher Dichte wir seit Kurzem mit Büchern überfallen werden, die sich – teils aufgeregt-reißerisch, teils besänftigend-herablassend – mit der künftigen weltweiten Rolle der Volksrepublik China befassen. Zwar handelt es sich dabei überwiegend um die Erzeugnisse von Journalisten (etwa von Kai Strittmatter, einem langjährigen Korrespondenten in Beijing, von dem seit Jahrzehnten in China lebenden Frank Sieren oder von dem zu Recht hoch geschätzten früheren Chefredakteur der »Zeit«, Theo Sommer), so dass sicherlich hie und da eine gewisse Skepsis gegenüber manchen Übertreibungen ratsam sein könnte. Doch ich fürchte, dass die vielfältigen Hinweise, die solchen und vielen anderen politischen Betrachtungen gemeinsam sind, es verdienen, verdammt ernst genommen zu werden.

Dies gilt selbst dann, wenn man davon ausgehen wollte, dass es den derzeitigen chinesischen Machthabern vor dem Hintergrund der weltweiten technologischen Entwicklung – insbesondere dem unaufhaltsamen Siegeszug der Digitalisierung und des Internets – niemals gelingen kann, ungestört ihre bisher so erfolgreiche Strategie fortzuführen, die darauf ausgerichtet ist, ihr alleiniges und unantastbar scheinendes Machtmonopol mit einer ungezügelt um sich greifenden kapitalistischen Wirtschaftsordnung zu vereinen.

Nahezu ausnahmslos laufen jedenfalls alle ernst zu nehmenden Analysen über die künftige Rolle Chinas darauf hinaus, dass sich das riesige Land spätestens seit dem Antritt von Xi Jinping als inzwischen lebenslang wiederwählbarer Staatspräsident und Generalsekretär der Kommunistischen Partei unaufhaltsam auf den Weg zu einer wirtschaftlich, militärisch, technologisch und kulturell führenden Weltmacht gemacht hat, die keinen überlegenen Rivalen mehr zu fürchten hat und folglich das künftige Geschehen entscheidend mitbestimmen wird.

Gewiss können selbst noch so kluge und erfahrene Vorhersagen hoffnungslos in die Irre führen. Die Zukunft ist und bleibt jedenfalls bis auf Weiteres allenfalls eingeschränkt berechenbar. Das gilt auch – und nicht zuletzt! – für die Volksrepublik China und ihr Führungspersonal. Wahrhaft gewaltige – und gefährliche! – Stolpersteine sind es, die Xi Jinping sich selbst in den Weg gewälzt hat.

Seit Jahrhunderten sind die führenden Gesellschaftsschichten durch einen wahren Sumpf der Korruption geprägt. Daran hat die kommunistische Oberhoheit kaum etwas geändert. In der Tat ist es nur schwer vorstellbar, wie es Xi auf die Dauer gelingen soll, sie entscheidend einzudämmen, ohne sich dabei tödliche Feinde zu schaffen. Und das gilt umso mehr, wenn er sich gleichzeitig zumindest vorgeblich vornehmen will, dem Grundsatz der Rechtsstaatlichkeit ernsthaft Gehör zu verschaffen.

Es mag also sein, dass die Ära Xi schneller als gedacht endet. Vertrauen sollten wir eher nicht darauf – wenn auch bedenken, von welcher Geduld traditionsgemäß alle grundlegenden politischen und gesellschaftlichen Umstellungen getragen waren, die das Land in seiner jahrtausendealten Geschichte durchgemacht hat. Alleinherrscher, die es sich – wie Kemal Atatürk in der Türkei – zugetraut haben, ihr Land während der Dauer des eigenen kurzen Lebens grundlegend umwandeln zu können, sind auch in China vielfach gescheitert. Es liegt nahe, dass Xi das weiß, zumal er auf die Erfahrung mit zwei durchaus gegensätzlichen Vorgängern zurückgreifen kann: den krankhaften Massenmörder Mao Zedong mit seiner schon erwähnten Kulturrevolution auf der einen, den ebenso geduldig wie beharrlich auf schrittweise Reformen drängenden Deng Xiaoping auf der anderen Seite.

Mit der Kulturrevolution hatte sich Mao (wie auch seine ihm nachfolgende Witwe Jiang Qing) vorgenommen, im Sinne des Wortes eine ganze Generation von Menschen auszurotten, die aus seiner Sicht durch ein überkommenes bürgerliches Denken geprägt war und damit einen wahrhaftigen »Fortschritt« unüberwindlich behinderte. Er meinte, nur auf diese Weise Platz schaffen zu können für »neue«, nur noch ihrer gleichmacherischen Ideologie verpflichtete Menschen. Das war eine in jeder Hinsicht unvorstellbar schreckliche Wahnidee, die aber eben das ganze Reich tatsächlich lange genug von Grund auf lahmlegen sollte.

Nach dem Tod von Mao und der sich anschließenden Entmachtung von Jiang Qing dauerte es denn auch noch lange genug, ehe es schließlich einer an die Macht gelangten neuen Parteileitung unter Führung von Deng Xiaoping möglich war, das Ruder herumzureißen und wieder Vernunft in dem trotz allem immer noch durch seine konfuzianische Kultur geprägten Land einkehren zu lassen. Trotzdem konnte ein Besucher wie ich, der sich zu Beginn der 1980er-Jahre, aus Hongkong kommend, auf den Weg über die Grenze traute, am Beispiel des in seiner verschlissenen Uniform mürrisch vor sich hin dösenden Grenzsoldaten noch unverändert die Verkörperung eines apathischen, nach außen abgeriegelten Bürokratenstaates erleben.

Schon wenige Kilometer landeinwärts, in einem gerade einmal um die 30 000 Einwohner zählenden Städtchen namens Shenzhen, schien hingegen ein wahrhaftiges Wunder zu geschehen: Im Erdgeschoss eines unscheinbaren kleinen Hauses drängten sich vielleicht 50 jüngere Frauen und Männer um ein paar Tische. Laut gestikulierend starrten sie alle mit aufgerissenen Augen auf die Bildschirme von Computern – von Zeit zu Zeit Jubelschreie ausstoßend, die, wir trauten unseren Augen nicht, ausgelöst wurden durch – ja: durch auf den Bildschirmen ablesbare Aktienkurse. Wir waren Zeugen eines Erdbebens geworden!

Die neue Parteileitung hatte durchgesetzt, dass die traditionelle Planwirtschaft, mit der die Partei getreu ihrer marxistisch-leninistischen Dogmatik bis dahin versucht hatte, das wirtschaftliche Geschehen im ganzen Land von Beijing aus zentral zu steuern, von nun an behutsam aufgeweicht werden sollte. Getreu dem Motto der bald weltweit bekannt gewordenen Weisheit von Deng, wonach es »keine Rolle spielt, ob die Katze schwarz oder weiß ist, solange sie Mäuse fängt und daher eine gute Katze ist«, wurden mit einem Mal – wenn auch zunächst nur auf regionaler Ebene – private Unternehmensgründungen und damit zarte erste kapitalistische Experimente zugelassen.

Und tatsächlich begann der traditionelle chinesische Spieltrieb in der Folge und ohne Verzug, sich vermittels Aktienanlagen an der Börse in einem zauberähnlichen Antriebsrausch für wirtschaftliches Wachstum und zunehmenden Wohlstand niederzuschlagen …

Freilich gelang das nicht ohne gehörige Schwierigkeiten. Wie zu erwarten, setzten nicht wenige der alten und immer noch machtvollen maoistischen Kader Deng und seinen sorgsam ausgesuchten Mitstreitern zu Beginn massiven innerparteilichen Widerstand entgegen. Zudem zog die bald darauf eingeführte Ansiedlungsfreiheit für die nach Hunderten von Millionen zählende landwirtschaftliche Bevölkerung, die bis dahin ortsgebunden dahinvegetiert hatte, weit verbreitet (nicht zuletzt in der früher Kanton, inzwischen Guangdong heißenden Provinz mit ihrer Hauptstadt Guangzhou) zum großen Teil furchterregende gesellschaftspolitische Folgen – wie Schmuggel, Korruption und Kriminalität – nach sich.

Im Verlauf seiner jahrzehntelangen Parteikarriere hatte Deng allerdings gelernt, nicht mit dem Kopf durch die Wand zu wollen, sondern pragmatisch auf Widerstände zu reagieren. Am Beispiel von sorgfältig ausgewählten Musterfällen lautete das neue Zauberwort »Sonderwirtschaftszonen«: Ähnlich wie in dem zur Provinz Guangdong zählenden Shenzhen wurden die neuen wirtschaftspolitischen Öffnungen auf wenige rigoros abgeschirmte Regionen beschränkt, wo sie sich zunächst sichtbar bewähren konnten, ohne das ganze Land in eine unbeherrschbare Krise zu katapultieren.

Inzwischen gilt die Stadt Shenzhen als eines der maßgeblichen Zentren der chinesischen Digitalindustrie – und zählt heute schätzungsweise um die 20 Millionen Einwohner. In derselben, noch nicht einmal 30 kurze Jahre währenden Zeitspanne hat sich die Hauptstadt Beijing in eine durch den Autoverkehr wie durch Wohnheizung smogverseuchte Weltmetropole gewandelt, geprägt durch die ultramodernen städtebaulichen Errungenschaften einer stolzen Olympiastadt. Und während damals Schanghai für staunende Touristen noch als einsames Beispiel vergangener westlicher Fremdherrschaft zu bewundern war, sprießen heute im ganzen Land Millionenstädte wie Pilze aus dem Boden, miteinander verbunden durch Zugverbindungen, die manche Europäer vor Neid erblassen lassen.

Nicht zuletzt: Wer den nach aktueller Mode gekleideten jungen Bewohnerinnen und Bewohnern zusieht – wer könnte da noch auf die Idee kommen, dass ihre Großeltern allesamt noch in primitivsten Wohnverhältnissen lebten und sich fraglos in den grauen Einheitslook der Mao-Zeit einzwängen lassen mussten?

Apropos *Made in China*: Haben wir nicht alle über Jahre hinweg die Nase über ein solches Etikett auf manchem Kleidungsstück gerümpft, das wir zu einem unschlagbar niedrigen Preis erworben hatten? Wussten wir nicht ganz genau um die Hemmungslosigkeit der Chinesen, unsere eigenen, bei uns entwickelten und hergestellten Industrieprodukte begierig zu kopieren und anschließend auf den Weltmärkten billig zu verhökern? War es tatsächlich nicht mehr als eine verschwindend kleine Anzahl von Beobachtern, die vage ahnten, dass das alles nur ein Vorspiel war: das Vorspiel für den ebenso entschlossen wie gezielt vorbereiteten Vorstoß in die Gruppe der technologisch und wirtschaftlich führenden Nationen auf unserer Erde?

Heute müssen sich ausnahmslos alle der auf dem chinesischen Markt so erfolgreichen westlichen Automobilhersteller höllisch davor in Acht nehmen, dass es Konkurrenten aus dem Land der Mitte – wie der Firma Geely – gelingt, sich bei ihnen einzuschleichen, mehr noch, dass sie irgendwann einmal von ihnen sogar technisch – etwa bei der Anwendung moderner Antriebstechnologien – überholt werden. Vermutlich wird es nicht mehr lange dauern, bis in der Volksrepublik eine Flugzeugindustrie entstanden ist, die Boeing und Airbus das Fürchten lehrt. Dass der Weltraum kein Reservat für die USA und die Europäer mehr ist, zeigt nicht nur die gelungene Landung einer Raumsonde auf der erdabgewandten Mondseite, sondern auch die offensichtlich immer stärker perfektionierte chinesische Raketentechnik samt der zugehörigen Steuerungstechnologie.

Auf dem Gebiet der Digitaltechnik bieten in China beheimatete Konzerne längst Apple Paroli, fürchten allenfalls noch ihre Wettbewerber aus Südkorea. Und selbst solchen westlichen Giganten wie Google oder Amazon stehen inzwischen Weltunternehmen wie Huawei oder das ganz und gar privat ins Leben gerufene und finanzierte Alibaba als gefürchtete Rivalen ins Haus.

Ich gebe gern zu, dass es mir bis zum Ende meiner Zeit bei Daimler-Benz (1995) nie ernsthaft in den Sinn gekommen ist, chinesische Unternehmen in überschaubarer Zukunft als Mitspieler oder gar Konkurrenten auf den Weltmärkten in Betracht zu ziehen. Nicht zuletzt hing das damit zusammen, dass wir alle uns aus Erfahrung daran gewöhnt hatten, kommunistische Staatssysteme als einer Marktwirtschaft hoffnungslos unterlegen zu wissen und folglich als nicht konkurrenzfähig zu behandeln.

So erinnere ich mich bis heute lebhaft daran, wie eindringlich ich erschüttert war, anlässlich eines Staatsbesuchs von Bundeskanzler Helmut Kohl noch 1993 im Umfeld des Bahnhofs der südchinesischen Riesenstadt Guangzhou (Kanton) eine unübersehbare Zahl von Menschen zu beobachten, die auf der Suche nach Arbeit von Weitem angereist waren und dort unter primitivsten Verhältnissen obdachlos dahinvegetierten.

Insofern haben wir damals allesamt die Einschätzung derjenigen – wenn auch nur vereinzelten – westlichen Politiker unterschätzt, die bereits früh davon überzeugt waren, dass die traditionellen Schwergewichte auf der weltpolitischen Bühne gut beraten seien, zukünftig mit der Volksrepublik als ernst zu nehmendem Mitspieler zu rechnen.

Der Erste von ihnen war der damalige US-Außenminister Henry Kissinger, der schon 1972 seinen Präsidenten Richard Nixon davon überzeugt hatte, vollgültige diplomatische Beziehungen mit der Regierung in Beijing unter dessen Despoten Mao und dem Ministerpräsidenten Zhou Enlai aufzunehmen. Bei uns in Europa sollte es sogar noch bis weit in die 1980er-Jahre hinein dauern, ehe der 1982 als deutscher Bundeskanzler aus dem Amt gewählte Helmut Schmidt mit seinem Drängen gehört wurde, endlich das unaufhaltsam zunehmende Gewicht der Volksrepublik im Konzert der Weltmächte zur Kenntnis zu nehmen und die eigene politische Strategie darauf auszurichten.

Zweifelsohne hing das mit der – genauso deutlich in europapolitischen oder transatlantischen Dingen erkennbaren – Neigung von Schmidt zusammen, sich für seine Wertungen und Einschätzungen nicht ausschließlich auf die Dossiers von sogenannten Fachleuten zu verlassen. Viel eher bevorzugte er dafür einen intensiven persönlichen Gedankenaustausch mit hochrangigen politischen Gesprächspartnern über die kulturellen und geschichtlichen Wurzeln ihrer jeweiligen Regierungstätigkeit. Ähnlich wie der früh einem Anschlag zum Opfer gefallene ägyptische Staatschef Anwar el Sadat, mit dem es immer wieder um das Staatsverständnis eines modernen Islams ging, zählte dazu an hervorragender Stelle vor allem auch jener Deng Xiaoping.

Dabei sollten allerdings nicht die Stimmen derjenigen übersehen werden, die bis heute immer wieder warnen, dass es sich bei der phänomenalen chinesischen Erfolgsgeschichte, die mit der Amtsübernahme durch Deng einsetzte, zum Schluss nur um ein geschichtliches Strohfeuer handeln könnte. Sie verweisen dabei auf die volkswirtschaftliche Verschuldung Chinas, die inzwischen ein Ausmaß erreicht hat, das (zumindest bis zu den durch die Corona-Pandemie ausgelösten Staatsausgaben) beispielsweise einer Mitgliedschaft in der Eurozone unüberwindlich entgegenstehen würde. Doch wenn man bedenkt, dass das Land über ein gewaltiges Reservoir an frei verfügbaren ausländischen Währungen – insbesondere US-Dollar – verfügt und zudem keinerlei nennenswerte Auslandsschulden hat, dürften solche Warnungen eher unter die Kategorie der nicht seltenen Hiobsbotschaften fallen, mit denen sich manche Vertreter der vorgeblich über alle politischen Interessen erhabenen Finanzwelt schon mehrfach einen eher zweifelhaften Ruf erworben haben.

Weit übertroffen werden inzwischen die Meldungen über die sich nahezu überschlagende Entwicklung der chinesischen Wirtschaft durch ein Projekt, das Xi seit seinem Amtsantritt mit außergewöhnlichem Elan vorantreibt. Es verdient nun wahrlich das Beiwort gigantisch, und nicht anders wurde es 2017 der staunenden Welt anlässlich einer in Beijing veranstalteten spektakulären Konferenz vorgestellt: der Bau und die Einrichtung der »Neuen Seidenstraße«, englisch *One Belt, One Road.*

Dabei geht es um weit mehr als nur um die rein verkehrstechnische Infrastruktur für eine durchgehende Vernetzung Chinas einschließlich des ganzen östlichen Teils von Asien mit Europa auf der einen, dem afrikanischen Kontinent auf der anderen Seite. Offensichtlich stützt sich das Projekt auf die Erfahrungen der zurückliegenden Jahrzehnte: Im Unterschied zu den westlichen Ländern, die erleben mussten, wie ihre sogenannte Entwicklungshilfe vor Ort regelmäßig in den Privattresoren korrupter Politiker zu verschwinden pflegte, ist es während dieser Zeit der Volksrepublik immer wieder gelungen, mit Hilfe von selbst gesteuerten und finanzierten Projekten vor Ort bleibende wirtschaftliche und damit auch politische Wurzeln zu schlagen.

Folgt man den offiziellen Fanfarenstößen der chinesischen Seite, sollen mit dem Seidenstraßenprojekt Investitionen von zusammen nahezu einer Billion (das wären 1000 Milliarden) US-Dollar finanziert werden. Am Ende soll damit eine Landroute entstehen, die von Xi'an über Kasachstan, den Iran, Moskau, die Türkei bis nach Rotterdam führt, eine Bahnroute von Wuhan quer durch Europa gleichfalls nach Rotterdam und eine Seeroute von der chinesischen Küste über Pakistan und Kenia bis nach Venedig.

Insofern liegt der Vergleich mit dem legendären Marshallplan auf der Hand, mit dem die USA nach dem Ende des Zweiten Weltkriegs die westlichen Länder wirtschaftlich wieder auf die Beine gebracht haben. Auch damals ging es keineswegs nur um selbstlose Hilfe, sondern deutlich genug zugleich um das Ziel, die mit den Mitteln bedachten Länder und deren Wirtschaft auf eine solide Grundlage zu bringen und damit die jeweilige Bevölkerung gegen gefährliche sowjetische Versuchungen zu immunisieren.

In genau diesem Sinne traut sich China jetzt zu, mittels des Seidenstraßenprojekts die jeweils unvergleichlich viel schwächeren Volkswirtschaften der beteiligten Regionen dauerhaft und verlässlich an sich zu binden. Ganz zu schweigen von den asiatischen Volkswirtschaften scheint man dafür genauso auch in Europa lohnende Spielräume zu sehen.

Bedenkt man zudem, mit welcher Zielstrebigkeit das chinesische Regime daran arbeitet, dem Land mit den Mitteln geschickter bilateraler Handelsvereinbarungen dauerhafte Vorteile im weltweiten Wettbewerb zu sichern, liegt daher die Vermutung wohl nicht allzu fern, dass hinter alledem die Vision stehen könnte, eines Tages die wirtschaftliche Weltordnung unter eigener Führung neu zu gestalten.

Wenn man berücksichtigt, wie rücksichtslos und unter welchem Einsatz undurchsichtiger Ausschreibungsverfahren das Seidenstraßenvorhaben inzwischen vorangetrieben wird, wäre es also auch in dieser Hinsicht allerhöchste Zeit, dass sich die Europäer auf ihre eigenen Stärken besinnen. Nicht anders als im Zusammenhang mit dem Geschehen im Nahen Osten werden wir gegenüber derartigen Bestrebungen der Chinesen – oder vergleichbaren Bemühungen der Amerikaner wie der Russen – nur dann noch eine Chance behalten, wenn wir unsere eigenen Kräfte bündeln, anstatt uns auf nationale Alleingänge zu verlassen.

Mit dieser zumindest aus europäischer Sicht eher düsteren Prognose ist allerdings beileibe nicht gesagt, dass sich die chinesischen Machthaber für die Zukunft ihres derzeitigen Herrschaftssystems auf einen ungetrübt blauen Himmel verlassen können. Auch sie haben es mit einzelnen Menschen, deren Eigenheiten, Erfahrungen und Träumen zu tun. Niemand kann verlässlich vorhersagen, ob daraus nicht eines Tages politische Wünsche und Bestrebungen heranwachsen, die für die jeweiligen Alleinherrscher und deren Partei lebensgefährlich werden könnten.

Niemand, der sich den Blick nicht durch grenzenlose Begeisterung über die tatsächlich Staunen machenden wirtschaftlichen und sozialpolitischen Errungenschaften im ganzen chinesischen Reich trüben lässt, kann das nahezu unvorstellbare Ausmaß übersehen, mit dem sich allseits die Gewöhnung an hemmungslose Korruption festgefressen hat. Das mag mit einer uralten Tradition zusammenhängen, die das Kaiserreich über Jahrtausende hinweg geprägt hat. Hinzugekommen ist allerdings, dass bisher alle Versuche gescheitert sind, die besonders herausragenden Ausuferungen durch noch so drakonische Strafen zu ahnden.

Nichts anderes gilt für ein weiteres Phänomen, das ähnlich weitverbreitet ist und gleichfalls zur jahrhundertealten chinesischen Tradition zählt: Zwar sind nahezu alle Versuche der chinesischen Obrigkeit, in dem Riesenreich ihre Vorstellungen von einer straffen Reglementierung des Lebens nahtlos umzusetzen, kaum je auf offenen Widerstand gestoßen – dafür aber regelmäßig auf eine stillschweigende Nichtbeachtung durch die breite Bevölkerung. Das ist bis heute so geblieben.

Und schließlich ist die moderne, sich selbst als kommunistisch bezeichnende Volksrepublik China unübersehbar durch eine Entwicklung geprägt, unter der auch die westliche Zivilisation zunehmend leidet. Als Antrieb für einen möglichst zügigen Anschluss an den technisch wie wirtschaftlich davongeeilten Westen hat Deng Xiaoping sie nicht nur zugelassen, sondern bewusst in Gang gesetzt: einen hemmungslosen Ellbogenkapitalismus – für dessen Anhänger das eigene persönliche Wohl weit vor jeglichen verachtenswerten Versuchungen rangiert, auf das gemeine Wohl der Gesellschaft Rücksicht zu nehmen.

Keine dieser Entwicklungstendenzen hat zwar bis heute ein Ausmaß angenommen, dass sie den Machterhalt der Kommunistischen Partei ernsthaft gefährden könnte. Dafür sorgen nicht nur die klassischen staatlichen Unterdrückungsmechanismen der Polizei, sondern auch die hochgerüsteten – und jedenfalls bisher verlässlich ergebenen – militärischen Streitkräfte.

Ohnehin ist es allemal leichter, einen einzelnen Despoten – wie etwa Baschar al-Assad oder Recep Tayyip Erdoğan – vom Thron zu stürzen, als einen so hoch organisierten und sturmerprobten Parteiapparat wie den der Kommunistischen Partei aus den Angeln zu heben. Trotzdem hat Xi offensichtlich verstanden, dass es dringend an der Zeit ist, einer weiteren Ausuferung Einhalt zu gebieten, indem die Zügel der absoluten politischen Herrschaft seiner Partei wieder energisch angezogen werden.

Zur Sicherung des unantastbaren Vorranges der Partei für alle grundlegend wichtigen Entscheidungen gibt es viele Rezepte. Eines davon besteht aus einer gezielten Neubelebung jener weltanschaulichen Grundlage, die – unter Berufung auf die Lehren von Karl Marx – als wissenschaftlich unwiderlegbar dargestellt wird. Neu daran sind allerdings weniger die dogmatischen Inhalte als das herausragende Gewicht, mit dem sich die Parteiführung inzwischen wieder darauf beruft. Völlig ungewohnt hingegen ist der Versuch, mehr oder minder stillschweigend die uralte konfuzianische Tradition Chinas als sozusagen selbstverständlichen Bestandteil in die Ziele der eigenen Partei einzubauen.

Seit der Gründung der Kommunistischen Partei Chinas 1921 galt ein solches Vorhaben als glatte Häresie, als absolutes – unter Mao gar als todeswürdiges – Tabu. Mit dem Amtsantritt von Xi kommt jedoch plötzlich nicht nur der von ihm als Marxismus bezeichneten Geschichtsauffassung, sondern mit einem Mal auch dem Konfuzianismus der erste Platz in der Rangordnung ehrwürdiger Erbschaften zu. Seither wird er nicht nur konsequent wiederentdeckt, sondern Schritt für Schritt als Sicherung einer auf Moral und Ethik gründenden Gesellschaftsordnung vereinnahmt.

Dabei geht es um nichts anderes als um den Versuch, die breite Bevölkerung auch innerlich untrennbar an die Partei zu binden.

Zusammenfassend bedeutet das also, dass man offensichtlich davon überzeugt ist, den Führungsanspruch der Partei nicht nur durch die behaupteten wissenschaftlichen Erkenntnisse des Marxismus, sondern zugleich durch den Verlass auf eine jahrhundertealte kulturelle Tradition sichern zu können. Am Ende soll daraus ein Selbstbewusstsein erwachsen, das für keinerlei – wie auch immer geartetes – Minderwertigkeitsgefühl Raum lässt. Mit anderen Worten: Die Chinesen sollen sich wieder darauf besinnen, dass sie allen anderen Nationen auf dieser Erde turmhoch überlegen sind.

Es ist das gleiche Rezept, auf das auch Wladimir Putin mit seiner sich selbst als »Einiges Russland« anpreisenden Partei oder Erdoğan in der Türkei mit der Hoffnung auf eine Auferstehung des Osmanischen Reiches setzen – ganz zu schweigen von den unsäglichen nationalistischen Traumwelten mancher europäischer Regierungen und ihres Wahlvolks. Auch Xi weiß allerdings mit Sicherheit und zur Genüge, dass selbst noch so unangreifbar scheinende politische Systeme gefährliche Schwächen entwickeln können.

Abgesehen von Einzelgängern sind zwar bisher noch nirgendwo in seinem Reich ernst zu nehmende Dissidenten aufgefallen, denen zuzumuten wäre, dass sie oppositionelle Massenbewegungen auslösen. Doch solange nicht ausnahmslos alle Menschen in ihrem Denken und Handeln verlässlich gleichgeschaltet sind, gibt es eben immer wieder mannigfache Ursachen, die das Machtmonopol einer Partei ins Wanken bringen könnten: von der Empörung über unerträgliche soziale Gegensätze zwischen Arm und Reich über das Fehlen rechtsstaatlicher Sicherheit bis hin zum Widerstand gegen die Beschneidung jeglicher abweichender Meinungen – oder gar gegen die aus einem uferlos angewachsenen persönlichen Reichtum Einzelner erwachsenden Machtverlockungen.

Diktaturen haben nun einmal ein feines Gespür dafür, dass der Drang der Menschen nach – körperlicher wie geistiger – Freiheit unbezähmbar ist, bis hin zu der Bereitschaft, dafür ihr Leben aufs Spiel zu setzen.

Um sich gegen solche Gefahren zu wappnen, verfügt allerdings die chinesische Kommunistische Partei über ein ganzes Waffenarsenal. In vorderster Linie zählt dazu die gleichfalls seit Jahrhunderten in China tief verwurzelte (und zuletzt durch Deng beispielhaft verkörperte) Fähigkeit, notfalls alle dogmatisch begründeten Verhaltensweisen zugunsten einer ganz und gar pragmatischen Reaktion auf etwaige Krisen aller Art zu vergessen. Doch heutzutage kommt eine wahrhaft schreckliche weitere Waffe hinzu: Sie lautet, die gedanklichen Spielräume der Einzelnen durch strengste Überwachung so weit einzuengen, dass daraus keine unerwünschten Handlungen erwachsen können.

Nach dem Muster der Nationalsozialisten wie der Stalin'schen Sowjets ist das über eine lange Wegstrecke hinweg einer langen Reihe von übelsten Diktaturen in aller Welt nahezu nahtlos gelungen. Inzwischen haben sich jedoch über das Internet neuartige Schlupflöcher für eine ebenso schnelle wie geheime Kommunikation eröffnet, die bis vor Kurzem unvorstellbar schienen. Folglich hat sich die chinesische Kommunistische Partei unter der Führung von Xi entschlossen auf den Weg gemacht, solche Gefahren für ihre Alleinherrschaft mit allen Mitteln einzudämmen.

Lange ist es bereits her, dass klugen Mitmenschen derartige Möglichkeiten zum ersten Mal eingefallen sind. So hat uns der bedeutende englische Intellektuelle Aldous Huxley schon zu Anfang der 1930er-Jahre unter dem Titel »Schöne neue Welt« eine Gesellschaft vorgestellt, die in streng regulierte Kasten eingeteilt ist und entsprechend überwacht wird. Im wahrsten Sinne des Wortes das Fürchten gelehrt hat uns dann gleich nach dem Ende des Zweiten Weltkriegs George Orwell mit seinem »1984«. *Big brother is watching you:* Unvergesslich haben das Buch und seine Verfilmung uns alle durch die Bekanntschaft mit der staatlichen Gedankenpolizei und ihrer Neusprech genannten Sprachregulierung aufgeschreckt.

Nicht anders als in diesen großartigen Romanen klingt auch heute das Gegenmittel gegen jegliche Versuche der Auflehnung nicht nur harmlos, sondern es erweckt für die gläubigen Anhänger den Eindruck, dass es sich dabei um eine großartige Gabe im Interesse der Allgemeinheit handelt. Entsprechend trägt es im neuchinesischen Vokabular einen verlockenden Namen: »Sozialkredit«.

Dahinter verbirgt sich ein System der Ausforschung, das für eine freiheitlich geprägte Gesellschaftsordnung unvorstellbar ist. Nach einer ersten Ankündigung im Jahre 2014 ist es seitdem in einer Reihe größerer chinesischer Städte getestet und angeblich ab 2020 allgemeinverbindlich eingeführt worden. Jeder Bürgerin und jedem Bürger soll danach durch eine staatliche Institution ein persönliches Konto im Internet zugeordnet werden, auf dem jeweils positive Punkte oder entsprechende Abzüge verbucht werden.

Als Grundlage für dieses Punktesystem dienen nicht etwa irgendwelche materiellen, sozusagen rechenbaren Kriterien, sondern ein ganzer Katalog von individuellen, sprich: zivilen Verhaltensweisen. Sie reichen von der Wahrnehmung ehrenamtlicher Aufgaben über die Höflichkeit im Umgang mit anderen, die Pünktlichkeit bei der Bezahlung persönlicher Schulden oder die Zuverlässigkeit im Straßenverkehr bis hin zur Teilnahme an öffentlichen Veranstaltungen. Natürlich versucht die Partei unter der Führung ihres stets freundlich lächelnden Vorsitzenden der eigenen Bevölkerung weiszumachen, dass es sich bei dem »Sozialkredit« um ein sozusagen humanitäres, dem Wohl jedes Einzelnen und damit der gesamten chinesischen Gesellschaft dienendes Vorhaben handelt. In Wirklichkeit wird es sich hingegen als furchterregendes Musterbeispiel für ein diktatorisches Unterdrückungssystem erweisen, das in seiner unmenschlichen Grausamkeit alles übertrifft, was sich die Menschheit bisher ausgedacht hat.

Doch auch für die Kommunistische Partei der Volksrepublik China kann es unliebsame Überraschungen geben. Jedenfalls gilt das so lange, wie wir noch nicht von menschlichen zu digitalen Wesen mutiert sind. Unverzichtbare Voraussetzung für das Überleben freiheitlicher Gesellschaften bleibt jedoch, dass sie stark genug bleiben, sich zu wehren. Wir Europäer haben allen Anlass, das nicht zu vergessen ...

USA – Ende eines Traums?

Für nahezu alle von uns im westlichen Teil der Welt galten die Vereinigten Staaten von Amerika lange genug als die Weltmacht, auf deren Fahnen in leuchtenden Farben die grundlegenden Menschenrechte stehen: Freiheit, Demokratie, Rechtsstaatlichkeit, Gleichheit. In diesem Sinne haben wir denn auch mehr oder minder unbesehen unterstellt, dass die Wahrung und Durchsetzung dieser Grundwerte innerhalb wie außerhalb der eigenen Grenzen als eine Art Staatsräson das unantastbare Fundament der amerikanischen Außenpolitik bilden.

Darauf ist zwar ein – wahrhaft dunkler! – Schatten gefallen, seit der damalige Präsident George W. Bush 2003 in aller Offenheit das geltende Völkerrecht beiseiteschob, um in den Irak einzumarschieren – doch mit dem Einzug von Barack Obama ins Weiße Haus schien alles wieder in Ordnung. Das war keineswegs immer so. Im Gegenteil: Eine weithin als Isolationismus gekennzeichnete Einstellung gegenüber dem auswärtigen Geschehen zählte über mehr als ein Jahrhundert zu den weithin unbestrittenen Dogmen der amerikanischen Politik. Gekennzeichnet wurde es durch die 1823 im Kongress verkündete »Monroe-Doktrin«. Schon fast furchterregend erinnert ihre Leitidee – *America to the Americans* – an die Weisheit, mit der Donald Trump 2016 seinen Wählerinnen und Wählern den Kopf verdreht hat: *America first*.

An der streng isolationistischen Einstellung änderte auch die Teilnahme am Ersten Weltkrieg kaum etwas. Sie lief darauf hinaus, einerseits jegliches ernsthafte Engagement außerhalb der eigenen unmittelbaren Interessensphäre zu fürchten wie der Teufel das Weihwasser und andererseits alle Einflussversuche auswärtiger Staaten in der eigenen Region notfalls mit militärischen Mitteln abzuwehren. Die zu Hause äußerst umstrittene Politik des damaligen Präsidenten Woodrow Wilson, sich nach dem gewonnenen Krieg im neu gegründeten, in Gent ansässigen Völkerbund auf außenpolitische Verpflichtungen einzulassen, glich daher allenfalls einem kurzen Aufleuchten, das schneller als gedacht wieder verglühte.

Zum Schluss sollte es nahezu 100 Jahre dauern, bis nach Abraham Lincoln wieder ein amerikanischer Präsident das Prädikat groß verdiente. Dem von 1933 bis zu seinem Tode im Jahr 1945 regierenden Franklin Delano Roosevelt gelang es, einen grundlegenden innen- wie außenpolitischen Umbruch durchzusetzen. Erstmals in der Geschichte beschlossen beide Häuser des Parlaments Gesetze mit ernsthaft sozialpolitischer Zielsetzung, und eine verlässliche Mehrheit der wahlberechtigten Bevölkerung legte sich immer wieder deutlich sichtbar darauf fest, fortan weltweit für die Durchsetzung und Wahrung der allgemeinen Menschenrechte einzutreten.

Dass dieser Wandel nicht auf irgendwelche kurzfristigen Zufälle zurückging, sondern den tiefen Überzeugungen des Präsidenten entsprach, zeigt ein kurzer Blick auf seine ungewöhnlich lange Amtsperiode (als einziger Präsident in der Geschichte der USA wurde er dreimal gewählt). Sie begann mit einer schweren weltwirtschaftlichen Krise, die Roosevelt von seinem Vorgänger Herbert Hoover geerbt hatte. Massenarbeitslosigkeit und extreme soziale Spannungen erschütterten überall – so auch in allen demokratischen Ländern – die Grundfesten der traditionellen politischen Strukturen. Nicht zuletzt in Deutschland öffnete die Krise schließlich die Tür für die Machtergreifung der Nationalsozialisten. Aber auch die USA blieben nicht vor ernsten Erschütterungen bewahrt. Im Gegenteil: Begleitet vom dramatischen Zusammenbruch nahezu des gesamten Bankwesens setzte 1929 eine wirtschaftliche Depression, die *Great Depression*, ein, durch die bald ein Viertel der arbeitsfähigen Bevölkerung ihre Beschäftigung verlor. Offener Aufruhr mit massiven Einsätzen von Polizei und Militär weitete sich aus – bis Roosevelt Ende 1932 gewählt wurde, um fortan, gestützt auf eine satte Mehrheit seiner Demokratischen Partei in beiden Häusern des Parlaments, das Blatt zu wenden.

Es ist hier nicht der Platz für eine Erinnerung an die bis dahin völlig ungewohnten und teilweise bis heute umstrittenen, sich über Jahre hinweg erstreckenden wirtschafts- und sozialpolitischen Maßnahmen, mit denen schließlich eine Wende geschafft und die innere Stabilität der USA wiederhergestellt wurde. Sehr wohl allerdings geht es darum, sich daran zu erinnern, dass dieser sogenannte *New Deal*, der teilweise Bestandteile der bei uns später so erfolgreichen sozialen Marktwirtschaft vorwegnahm, gewollt oder ungewollt, zum Schluss ein grundlegend neues Verantwortungsbewusstsein der amerikanischen Politik für die Gemeinschaft der sich als freiheitlich und demokratisch verstehenden Länder des Westens zur Folge hatte.

Mit den in der Tat furchterregenden Auswirkungen der Wirtschaftskrise war zumindest den maßgeblichen politischen Kreisen in den USA zum ersten Mal klar geworden, wie eng die wirtschaftliche und damit auch die politische Entwicklung weltweit miteinander verknüpft war. Dafür sorgten vor allem die dramatischen Erfahrungen in der Finanzwelt: Selbst die hartnäckigsten Vertreter einer strikten Abschottung der USA nach außen konnten nicht mehr die Augen davor verschließen, dass die Geldströme zwischen Forderungen und Schulden, zwischen kurzfristigen Anlagen und langfristigen Investitionen und – nicht zuletzt – zwischen den verschiedenen Währungen untrennbar aneinander gebunden waren, sodass jeder

Versuch nationaler Alleingänge zwangsläufig in einer Katastrophe enden musste.

Allerdings käme es einer Geschichtsklitterung gleich, wollte man behaupten, dass sich der traditionelle amerikanische Isolationismus schon während der ersten Amtsperiode von Roosevelt in eine von allen politischen Lagern geteilte Atmosphäre der Weltoffenheit gewandelt hätte. Deutlich genug zeigte sich das hinsichtlich der Einwanderungspolitik. Sie blieb auch dann noch an strikte Quoten für die Erteilung von Einreisevisa gebunden, als die USA nach der Machtergreifung der Nationalsozialisten in Deutschland mit einem Strom von Anträgen jüdischer deutscher Emigranten überflutet wurden. Teilweise trug dazu auch eine in manchen amerikanischen Gesellschaftsschichten verbreitete antisemitische Aversion bei, mit der Folge, dass es bis zum Kriegsausbruch sogar Phasen gab, in denen es nur in Ausnahmefällen gelang, jüdischen Verfolgten, die schon lange durch Europa geirrt waren, die Einreise zu ermöglichen. Nachdem dieser Antisemitismus lange zumindest unterschwellig virulent blieb (und bis heute geblieben ist), änderten sich die Hemmnisse für eine freie Einreise erst mit dem Eintritt der USA in den Zweiten Weltkrieg.

Dabei war Roosevelt persönlich spätestens seit dem deutschen Überfall auf Polen davon überzeugt, dass eine Kriegsbeteiligung seines Landes unausweichlich würde. Zunächst stieß er jedoch auf den massiven Widerstand der eingefleischten Isolationisten in allen politischen Lagern. Völlig unerwartet und von einem Tag auf den anderen änderte sich das erst mit dem japanischen Überfall auf die in Pearl Harbor (Hawaii) vor Anker liegende amerikanische Pazifikflotte im Dezember 1941. Angesichts dieser gegen jegliche Grundregeln des Völkerrechts verstoßenden Aktion bedurfte es keiner herausragenden politischen Überzeugungskraft mehr, der amerikanischen Öffentlichkeit klarzumachen, worum es bei dem neuen Weltkrieg gegen die sogenannten Achsenmächte Deutschland, Italien und Japan ging. Im Kern konnte nicht mehr von einer – sozusagen klassischen – militärischen Auseinandersetzung um machtpoli-tische Herrschaftsräume die Rede sein, sondern auf dem Spiel stand die Wahrung der freiheitlichen und demokratisch geschützten Men-schenrechte gegen den Rückfall in menschenverachtende diktatori-sche Unterdrückung.

Zeitweise mehr oder minder in den Hintergrund gedrängt wurde diese Zielsetzung allerdings durch die nahezu lebensgefährlichen militärischen Erfolge der Achsenmächte, die in der Niederwerfung Frankreichs, dem anfänglich unaufhaltbar scheinenden deutschen Vordringen in Russland und dem japanischen Triumphzug im ost-asiatischen Raum ihren Niederschlag fanden. Sie hatten zur Folge, dass sich die westlichen Alliierten zunächst mit allen Kräften und bis an die Grenze des Zumutbaren auf ihre Verteidigungsanstrengun-gen beschränken und daher ausnahmslos alle übrigen Ziele hinter der Stärkung des eigenen militärischen Potenzials zurücktreten mussten. Allseits sichtbaren Ausdruck fand dies in dem vordergrün-dig so harmonisch scheinenden Zusammenwirken von schon äußer-lich so unterschiedlich wirkenden Persönlichkeiten wie dem alten Haudegen Winston Churchill, dem undurchsichtigen Josef Stalin und dem taktisch rücksichtsvollen Franklin Roosevelt.

Dem stand nicht entgegen, dass sich hinter der scheinbaren Har-monie in Wirklichkeit fundamental unterschiedliche politische Vor-stellungen über die Ziele der Kriegskoalition zwischen den westli-chen Demokratien und dem sowjetischen Diktator verbargen. Abge-sehen davon, dass Churchill unverzagt den hoffnungslosen Traum von einer Wiederherstellung des britischen Weltreichs weiterträum-te, ging es den beiden demokratischen Politikern gemeinsam darum, entsprechend der Zielsetzung der zwischen ihnen bereits Mitte 1941 vereinbarten Atlantikcharta möglichst vielen Menschen rund um die Erde den Zugang zu einer freiheitlich-demokratischen Staats-form zu eröffnen. Stalin hingegen, der sich bereits in der Vorkriegs-zeit mit rücksichtsloser Brutalität gegen eine ganze Vielfalt von – eingebildeten oder wirklichen – Rivalen die alleinige Machtposition in der UdSSR gesichert hatte, dachte vor allem daran, sein Herr-schaftsreich möglichst weit nach Westen auszudehnen und damit gegen aus seiner Sicht gefährliche freiheitliche Bestrebungen abzusi-chern. Für jeden Außenstehenden deutlich sichtbar wurde diese Dis-krepanz, als Roosevelt und Churchill sich als Ergebnis eines Treffens in Casablanca Ende 1943 nicht nur auf die Durchsetzung der frei-heitlichen Menschenrechte, sondern zugleich auf das Ziel einer be-dingungslosen Kapitulation der drei Achsenmächte festlegten.

Darauf folgte eine ganze Reihe von Treffen, so in Jalta und Tehe-ran, bei denen es regelmäßig darum ging, die jeweiligen Einfluss-sphären der beiden Lager der Siegerseite in der Nachkriegszeit gegen-einander abzugrenzen und zu sichern. Die letzte dieser Konferenzen, die im Sommer 1945 – also bereits nach Kriegsende – in Potsdam stattfand, offenbarte dann am Beispiel der umstrittenen Behandlung der bereits zuvor vereinbarten vier Besatzungszonen Deutschlands, wie handfest und unüberwindlich die weltanschaulichen Vorstellun-gen zwischen den westlichen Siegermächten einschließlich Frank-reichs und der sowjetischen Seite auseinanderklafften. Besonders deutlich wurde das, als Roosevelt, der seit jeher zu einer gewissen Nachgiebigkeit gegenüber Stalin geneigt hatte, kurz vor der Konfe-renz starb und fortan sein Nachfolger Harry S. Truman unbeugsam auf dem amerikanischen Anspruch beharrte, weltweit für die Wah-rung der Menschenrechte und damit für die Durchsetzung freiheit-lich-demokratischer Staatsformen einzutreten.

Die auf die Durchsetzung der allgemeinen Menschenrechte ausge-richtete Politik der USA hatte ihren Niederschlag bereits in der Gründungscharta der Vereinten Nationen gefunden, die im Oktober 1945 durch 51 Nationen in San Francisco vereinbart wurde. Unbe-schadet von manchen gravierenden innenpolitischen Meinungsver-schiedenheiten sollten sich die USA seitdem immer wieder unbeirrt als zuverlässige Hüter der damit verbundenen weltweiten Verantwortung bewähren – so lange jedenfalls, bis das Schicksal einen Glücksspieler namens Trump zu ihrem Präsidenten auserkor.

Gewiss war auch schon bis dahin die politische Entwicklung in den USA in nahezu erratischer Weise durch vielerlei Höhen und Tiefen gekennzeichnet. Vor dem moralisch skrupellosen Dunkelmann wie Richard Nixon gab es beispielsweise ein – sich zumindest selbst als strahlenden Götterliebling darstellender – Präsident wie John F. Kennedy auf einen intellektuell nicht gerade zu den hochbegabtesten Zeitgenossen zählenden George H. W. Bush ein ebenso geschickter wie moralisch flexibler Drahtzieher wie Bill Clinton. Und schließlich musste ein zutiefst integrer Präsident wie Barack Obama erleben, wie bitter es werden kann, wenn man mit einem so hinreißenden Slogan wie *Yes we can* Erwartungen erweckt, die sich am Ende als unerfüllbar erweisen.

Noch mehr als das: Zusammen mit ihrer politischen Führung hatte die amerikanische Wählerschaft bereits mehrfach in der Nachkriegszeit erleben müssen, dass es eben nicht ausreicht, eine heile Welt mit Freiheit und Wohlstand in Aussicht zu stellen, sondern dass ein solches Ziel regelmäßig mit der Bereitschaft erkauft werden muss, womöglich dafür spürbare eigene Entbehrungen und Opfer in Kauf zu nehmen.

Zum ersten Mal war dies bei der Abwehr der sowjetischen Blockade Berlins und der Einrichtung der Luftbrücke im Winter 1948/49 und bald darauf durch die Unterstützung Südkoreas im Koreakrieg (1950 bis 1953) deutlich geworden. Beides war Beweis genug für die Bereitschaft der USA, für die Freiheit der betroffenen Menschen notfalls sogar eine kriegerische Auseinandersetzung mit der Sowjetunion in Kauf zu nehmen – während im genau umgekehrten Sinne die Erfahrungen in Vietnam bald darauf offenlegen sollten, welche furchtbaren Folgen es haben kann, sich anstelle der eigenen Grundsätze allein auf militärische Überlegenheit und deren Protagonisten zu verlassen.

In eben diesem Sinne steht mit Henry Kissinger ein Name für die vielen bitteren Lernprozesse, die den USA auf ihrem weiteren politischen, wirtschaftlichen und kulturellen Weg nicht erspart geblieben sind. An vorderster Stelle stand dabei die Erkenntnis, sich auf dem Weg zur westlichen Führungsmacht eben keinesfalls nur auf die vermutete eigene Unantastbarkeit verlassen zu dürfen, sondern weit eher auf die glaubhaft erwiesene Bereitschaft zu setzen, überall und ohne Zögern für ihre freiheitlichen und demokratischen Überzeugungen einzustehen.

Dem lag ein Gesellschaftsmodell zugrunde, das seit der Gründung der USA in der Welt einzigartig war. Seinen Niederschlag hatte es im Text der Nationalhymne gefunden: *The land of the free and the home of the brave.* Ausnahmslos alle diejenigen, die traditionsgemäß die rechte Hand auf ihr Herz legten, wenn die Hymne erklang, waren sich dabei in der stolzen Überzeugung einig, dass ihre Vereinigten Staaten von Amerika die Heimat freier und gleicher Bürgerinnen und Bürger sei und bleiben werde, unbeirrbar entschlossen, diese Überzeugung jederzeit und überall nach innen wie nach außen zu verteidigen.

Dabei konnte niemand übersehen, dass sich die amerikanische Wirklichkeit in weiten Teilen des eigenen Landes drastisch genug von solchen Idealvorstellungen unterschied. Angefangen mit den bitteren Auseinandersetzungen über die formale Gleichstellung von Menschen unterschiedlicher Hautfarbe fand dies 1968 in der Ermordung von Martin Luther King seinen traurigen Höhepunkt. Trotzdem änderte das nichts daran, dass die dahinterstehende Vision einer Gesellschaft der Freien und Gleichen über Jahrzehnte hinweg die feste Grundlage für die Gemeinschaft der sogenannten westlichen Länder bildete und blieb: Sie war unbestritten und galt als unerschütterlich.

Umso deutlicher ist jedoch mit der Wahl von Trump zum Präsidenten im Herbst 2016 geworden, dass wir seitdem auch insofern eine wahrhafte Zeitenwende durchleben. War die Gemeinschaft freiheitlicher Staaten bis dahin durch die Selbstverständlichkeit gekennzeichnet, sich bei ihren internationalen Beziehungen, und sei es gegenüber diktatorischen Staaten, unverrückbar an bestimmte grundlegende ethische Prinzipien zu halten, galt seitdem für die USA der Grundsatz, dass es sich bei politischen Entscheidungen regelmäßig – vergleichbar mit Handelsvereinbarungen auf einem Basar – um nichts anderes als einen »Deal« handelt, für den nur ein einziger Erfolgsmaßstab gilt: die amerikanischen Interessen.

Vor diesem Hintergrund liegt der Versuch nahe, sich vorzustellen, wie wohl 1989 der Prozess der deutschen Wiedervereinigung verlaufen wäre, hätte der amerikanische Präsident damals nicht auf den Nachnamen Bush sen. gehört, sondern auf Trump: Zwar wäre es sicherlich der Geschicklichkeit von Helmut Kohl zuzutrauen gewesen, trotzdem einen so verstandenen »Deal« zustande zu bringen – doch welchen Preis die deutsche Seite dafür zu zahlen gehabt hätte, steht in den Sternen.

Jedenfalls zeigt diese Reminiszenz mehr als handgreiflich, wie dramatisch die traditionell durch die USA angeführte westliche Wertegemeinschaft inzwischen Gefahr läuft, zur Freude ihrer Kontrahenten in aller Welt zu zerbersten. Zwar hat sich der neue Präsident Joe Biden sogleich nach seinem Amtsantritt entschlossen darangemacht, den entstandenen Scherbenhaufen wieder zusammenzukitten, doch angesichts der andauernden inneren Zerrissenheit der USA bleiben Zweifel angebracht, ob es ihm dauerhaft gelingen wird, das Blatt tatsächlich wieder zu wenden. Wollen wir Europäer uns dieser Zeitenwende – gekennzeichnet durch das weltweite Vordringen der Chinesen oder die Situation im Nahen Osten auf der einen, die rapide und unaufhaltsam fortschreitende digitale Revolution auf der anderen Seite – nicht wehrlos ausliefern, gibt es keine Alternative: So oder so müssen wir unsere Kräfte zusammenwerfen. Hören wir hingegen auf die politischen Scharlatane, die – ob in Großbritannien, in Ungarn oder sonst wo in Europa beheimatet – versuchen, ihrer Bevölkerung einzureden, die Befreiung von allen fremden Zwängen und die Wiederherstellung ihrer ach so kostbaren nationalen Autonomie werde ihnen eine gloriose Zukunft mit Frieden und Wohlstand eröffnen, wir würden offenen Auges politischen, kulturellen und wirtschaftlichen Selbstmord begehen …

Zeitenwende?

Gemeint ist damit eine im Sinne des Wortes weltumspannende Entwicklung. Sie muss sich nicht notwendig in genau gleicher Weise auf alle Länder oder Regionen der Erde auswirken. Nicht zuletzt gilt das für die USA – und zwar selbst dann, wenn Biden mit seinen bewundernswert mutigen Initiativen scheitern sollte, die spätestens seit der Wahl von Trump zum Präsidenten offenbar gewordene Spaltung der amerikanischen Gesellschaft in zwei sich unversöhnlich gegenüberstehende Lage auf ein zumindest wieder erträgliches Maß zurückzuführen.

Abgesehen von der zahlenmäßigen Größe der Bevölkerung wird nicht nur ihre herausragende militärische Stärke als führende Nuklearmacht die Vereinigten Staaten vor den negativen Folgen dieses grundlegenden Wandels alles bisher Gewohnten bewahren, sondern auch ihre ungebrochene wirtschaftliche und technologische Leistungsfähigkeit. Das ändert allerdings nichts daran, dass ihre Rolle als unbestrittene Führungsmacht der freiheitlichen – und sogenannten westlichen – Welt inzwischen unwiederbringlich der Vergangenheit angehört.

Dem steht die grenzüberschreitende Macht ihrer heimischen Wirtschaftsgiganten – wie Google, Apple oder Amazon – schon deshalb nicht entgegen, weil diese Unternehmen nicht nur dem internationalen Wettbewerb und den Launen der Börsen ausgeliefert sind und letzten Endes für ihr Handeln nur ein einziges Gesetz gilt: das Gesetz des Profits.

Trump selbst verstand sich stets als Verkörperung einer vermeintlich uramerikanischen, vermeintlich unüberwindlichen Stärke (und zudem als einzigartiges menschliches Genie). In Wirklichkeit war er zwar von Anfang an nichts als ein Spekulant, der Glück gehabt hatte. Zugleich prägte ihn jedoch ein tatsächlich herausragendes Talent: Es wurde oft genug weit unterschätzt – kennzeichnet es doch ein Dilemma, das dem amerikanischen Gesellschaftsmodell von Anfang an innewohnte und inzwischen ein nicht zu unterschätzendes Explosionspotenzial aufweist. Immer wieder von Neuem hat ihn dieses Talent befähigt, dem ihm gläubig zuhörenden Teil der Öffentlichkeit vorzugaukeln, dass er im Kern seines Wesens »einer von ihnen« sei. Ganz bewusst hat er damit auf eine Aversion gezielt, die schon seit der Gründung der Vereinigten Staaten von Amerika am Ende des 18. Jahrhunderts unverändert bis heute das Selbstverständnis eines großen Teils der Bevölkerung prägt. Sie unterscheidet zwischen jenen untadeligen Zugehörigen der amerikanischen Nation, sprich: jenen Freien und Tapferen, die im Text der Nationalhymne besungen werden, und all den anderen, die zu schwach oder zu faul sind, um sich erfolgreich durchs Leben zu schlagen.

Den meisten Europäern mag es leichtfallen, darüber die Nase zu rümpfen. Dahinter verbirgt sich jedoch eine Wahrheit, die es der jungen amerikanischen Gesellschaft von Anbeginn an so schwer gemacht hat, das Versprechen der Unabhängigkeitserklärung von 1776 einzulösen, wonach alle Menschen, egal welcher Hautfarbe und welchen Herkommens, *created equal*, gleich sind. War sie über Jahrzehnte hinweg immer mehr verblasst, hat sie sich besonders während der Amtszeit von Trump wieder zur bitterbösen Realität verwandelt: Durch die Bevölkerung der USA geht heutzutage erneut ein furchterregend tiefer Riss zwischen den Weißen auf der einen, den »Zugewanderten« – ob Schwarze, Chinesen, Puertoricaner oder Mexikaner – auf der anderen Seite.

Zwar wirkt sich dieser Riss nicht in allen Teilen des Landes gleichmäßig aus. Das wird vor allem in den großstädtischen Ballungsgebieten und in den Regionen mit einer überdurchschnittlich gebildeten Bevölkerung – wie etwa in New York oder San Francisco oder in Staaten wie Vermont und Kalifornien – deutlich, wo niemand das Gleichheitsgebot ernsthaft infrage stellt. In den eher landwirtschaftlich geprägten Gebieten des Mittleren Westens nicht anders als in den früheren Südstaaten herrscht hingegen bei einer breiten Mehrheit unverändert jene Mentalität vor, die es zumindest innerlich als Zumutung empfindet, im täglichen Leben alle Mitmenschen ohne Ausnahme als gleich zu respektieren.

Hierzulande haben sich jedenfalls bisher nur wenige von uns dazu verführen lassen, den Rosstäuschern von Pegida hinterherzulaufen oder wie ein gewisser Björn Höcke und andere Leitpersonen der AfD im Zusammenhang mit der Zuwanderung von Flüchtlingen eine »Umvolkung« zu befürchten. In den USA geht es aber eben um weit mehr, um einen veritablen Riss, der die gesamte wahlberechtigte Gesellschaft zutiefst – und nachgerade weltanschaulich – spaltet. Vor allem bei jenem irregeleiteten Teil der Bevölkerung fällt denn auch eine inzwischen gängig gewordene Behauptung auf immer fruchtbareren Boden. Sie verkündet, dass man irgendwelchen »selbst ernannten Eliten« der Politik und der Medien ausgeliefert sei, die ihre Entscheidungen nur im eigenen Interesse träfen, zumal sie von den Sorgen und Wünschen der »einfachen Menschen« keine Ahnung hätten. Wie erinnerlich, hat Trump das immer wieder mit seinem von vielen so gern gehörten Slogan *Make America Great Again* erfolgreich vorgeführt.

Unter diesen Umständen wäre es jedenfalls weit verfehlt, darauf zu hoffen, dass sich der Riss, der die amerikanische Gesellschaft spaltet, trotz der entschlossenen Bemühungen von Joe Biden oder gar sozusagen von selbst in überschaubarer Zukunft wieder schließen wird. Längst hat dieser Riss auch schon das traditionelle demokratische Parteiensystem erfasst – und kennzeichnet zugleich einen

Trend, der in nahezu allen demokratischen Ländern zu verzeichnen ist: den Trend, die Rolle der traditionellen Parteien, mögen sie sich geschichtlich noch so oft und so sehr bewährt haben, zugunsten hemmungsloser einzelner Führungspersönlichkeiten zurückzudrängen (wir kommen an anderer Stelle noch darauf zurück).

In ersten Ansätzen hat das schon mit der Präsidentschaft von Ronald Reagan begonnen. Während seiner Amtszeit von 1981 bis 1989 wurde nicht nur die ihn tragende Republikanische Partei, sondern die gesamte Wirtschafts- wie Sozialpolitik der USA nach Art eines unumstößlichen Dogmas radikal marktwirtschaftlich, sprich: streng privatkapitalistisch, ausgerichtet. Damit endete eine Tradition, die – auf der Grundlage einer Art von stillschweigender Übereinstimmung mit der gegnerischen Demokratischen Partei – trotz ständig anhaltender, zeitweise äußerst hitziger Kontroversen seit der Ära Roosevelt verlässlich immer wieder darauf hinausgelaufen war, wenigstens ein Minimum von staatlichen sozialen Sicherungsmaßnahmen vor allem hinsichtlich der Gesundheits- und der Altersvorsorge zu gewährleisten.

Nach Ansätzen zu einer Wiederbelebung der traditionellen Einstellung der Parteien während der Amtszeit des den Demokraten angehörenden Bill Clinton ist dann dessen republikanischer Nachfolger Bush jun. (2001 bis 2009) getreulich zu der Linie von Reagan zurückgekommen – um schließlich mit der sich innerhalb seiner Partei neu formierenden, als *Tea Party* bezeichneten Gruppierung eine Radikalisierung der parteipolitischen Auseinandersetzungen einzuleiten, der seitdem die gesamte amerikanische Gesellschaft zum Opfer gefallen ist. Im Kern geht es dabei darum, den Amerikanerinnen und Amerikanern zu suggerieren, dass es ihnen so lange gut gegangen sei, bis sie – im Gegensatz zu heute – so dumm gewesen seien, sich von der Rücksichtnahme auf zugewanderte und unwillkommene »Fremde« übertölpeln zu lassen.

Wie erfolgreich diese Strategie bis heute gewesen ist, wird täglich daran deutlich, dass in beiden Häusern des Parlaments kaum mehr wenigstens der Versuch zu verzeichnen ist, einen ernsthaften Meinungsaustausch zwischen beiden Parteien, geschweige einen tragfähigen Kompromiss über die grundlegenden Fragen der amerikanischen Politik zustande zu bringen. Ersetzt durch gegenseitige persönliche Vorwürfe ist weitgehend Sprachlosigkeit an seine Stelle getreten.

Dass man mit billigsten Appellen an die vermeintliche geistige Beschränktheit des Wahlvolks Stimmen gewinnen kann, ist nicht neu. Hier in Deutschland hat sich das mit der Machtergreifung der Nationalsozialisten im Jahr 1933 schrecklich genug erwiesen. Heutzutage kann es jede und jeder erneut bestätigt finden, der Menschen mit weißer Hautfarbe begegnet, die außerhalb der großen Ballungsräume der USA leben. Seit jeher hat sich deren Aufmerksamkeit in erster Linie auf ihre eigene Umgebung gerichtet, allenfalls – wenn es hochkommt – noch auf das Geschehen im eigenen Land. Es sind dies genau jene Regionen und deren Bevölkerung, denen Trump 2016 seinen Wahlsieg zu verdanken hatte. Zu Hause ist dort jener Teil der Wahlberechtigten, die über keine vertiefte Bildung verfügen, die vom Weltgeschehen kaum mehr wissen als dessen vermutete, oft genug nur eingebildeten Einflüsse auf ihr unmittelbares Umfeld, und schließlich diejenigen, die in wirtschaftlich unsicheren Verhältnissen leben, verbunden mit der ständigen Angst vor einem weiteren sozialen Abstieg.

Wer wie ich früher, etwa bis zur Jahrtausendwende, weite Teile der USA bereist hat, wird hingegen kaum je auf ein derartiges Klima der Wut auf alles Fremde gestoßen sein. Ganz im Gegenteil galt während der Dezennien, die auf das Ende des Zweiten Weltkriegs folgten, Amerika zu Recht als *God's own country*, als Paradies, in dem jeder, der dies nur wollte, sein Glück machen konnte. In diesem Sinne erinnere ich mich bis heute nicht nur an die überwältigenden Eindrücke des weiten Himmels über endlos scheinenden Landschaften, sondern an beglückende Begegnungen mit unzähligen »einfachen«, ebenso freundlichen wie hilfsbereiten Menschen. Und selbst die bösen Ausnahmen, als sich die Mehrheit der »weißen« Bevölkerung in den Südstaaten mit teilweise grauenerregender Gewalt gegen die Gleichstellung der »Schwarzen« wehrte, verblassten im Laufe der Jahre hinter dem Respekt vor der durch Menschen wie Martin Luther King ins Leben gerufenen liberalen Öffnung der Gesellschaft.

Erzählte man allerdings damals zufälligen Gesprächspartnern in Wichita, Kansas, in Birmingham, Alabama, oder in Little Rock, Arkansas, dass man in Stuttgart lebt, stieß man regelmäßig auf fragende Gesichter. Allenfalls hatten sie schon einmal davon gehört, dass dieses Deutschland, jener ehemalige Kriegsgegner, irgendwo in Europa liegt und dass dort bekannte Automobilhersteller zu Hause sind. Von den Problemen, die uns – geschweige denn die Menschen in noch ferneren Teilen der Erde – umtrieben, ahnten sie hingegen nicht das Geringste. Das ist bis heute so geblieben.

Trotzdem unterscheidet sich jedoch die jetzige Zeit sehr traurig von der damaligen. Die über eine lange Wegstrecke so liebenswerte, wenn auch offensichtlich naive Weltoffenheit ist in diesen amerikanischen Landstrichen bei einer Mehrheit des Wahlvolks umgeschlagen in das dumpfe Gefühl, sich gegen »fremde« Einflüsse wehren zu müssen – und dabei das Fremde mit der Hautfarbe zu verwechseln. Im Ergebnis haben die Zahl und der Einfluss derjenigen drastisch zugenommen ist, die den unsäglichen Slogan *Make America Great Again* als das verstehen, was sich tatsächlich dahinter verbirgt: eine bewusste, eine gewollte Abkehr vom Ideal einer auf Gleichheit und Freiheit beruhenden Gesellschaft – und zugleich vom früheren amerikanischen Verantwortungsbewusstsein für das Geschehen in der Welt.

Zuverlässig sorgen dafür die gängigen Medien, an der Spitze begleitet durch täglich neue Spinnereien in den sogenannten digitalen Netzwerken. Von den seriösen Informationsmöglichkeiten durch die modernen digitalen Kommunikationswege macht dagegen allenfalls ein Bruchteil der Bevölkerung ernsthaft Gebrauch. Das Ergebnis ist die Bereitschaft, auf diejenigen zu hören, die – neben jenen »nicht amerikanischen« Fremden – vor allem anderen den selbstsüchtigen »Eliten« in Washington die Schuld an allen Missständen zuschieben, gepaart mit der Behauptung, dass die Dinge hier bei ihnen zu Hause allesamt besser wären, würde man nur diese fremden Einflüsse endlich zum Teufel jagen.

Ähnliche politische Entwicklungstendenzen zeichnen sich inzwischen in weiten Teilen der demokratischen Welt – auch bei uns! – ab. Nirgendwo sonst haben sie allerdings bisher so wahrhaft weltpolitische Folgen wie in den USA ausgelöst.

So hat es jener Donald J. Trump unter Einsatz seines ganzen Dilettantismus erreicht, dass der russische Regent Wladimir Putin zusammen mit seinem syrischen Vasallen Baschar al-Assad die Oberhand in weiten Teilen des vor unserer Haustür liegenden Nahen Ostens erringen konnte. Auch für uns Europäer ist damit der Anspruch, die allgemeinen Menschenrechte gegenüber all jenen Machthabern in unserer unmittelbaren Nähe, die ihre Existenz auf Unterdrückung gründen, zumindest ernsthaft zu verfechten, zur Hoffnungslosigkeit zerfallen.

Mag sein, dass sich irgendwann einmal in den USA eine Rückbesinnung durchsetzt, indem es Biden und mit ihm einer neuen Mehrheit doch noch dauerhaft gelingt, die Spaltung des Landes zu überwinden und zugleich die sich längst offenbarende Rückkehr zum politischen Isolationismus zu revidieren. Doch so gewiss dies auch zu hoffen sein mag, so leichtfertig wäre es eben, sich darauf zu verlassen.

Im Ergebnis bedeutet das, dass uns Europäern dringend zu raten ist, zukünftig in keiner Weise mehr darauf zu bauen, dass die USA als Partner auf unserer Seite stehen, wenn es darum geht, unsere

Vorstellungen von einer freiheitlich organisierten Gemeinschaft hochzuhalten und diese überall dort, wo es möglich erscheint, zu verbreiten. Um es deutlich zu sagen: Wir müssen uns künftig auf uns selbst verlassen. Und uns selbst, das heißt nicht Deutschland, Frankreich, Italien, Polen oder Österreich: Es heißt schlicht und einfach *die Union der Europäer.*

Von europäischer Mühsal

Wer angesichts des weltweiten Geschehens, das uns Europäer nicht nur im Nahen Osten, in Russland, in China oder in den USA, sondern auch in mancherlei anderen Regionen und Staaten (etwa Indien oder Afghanistan) unmittelbar berührt, meint, sich in die Zeiten einer vermeintlichen nationalen Unabhängigkeit zurückträumen zu dürfen, muss entweder vergessen oder nie begriffen haben, warum die Europäische Union ins Leben gerufen wurde.

Am Anfang stand ein ebenso einfacher wie überzeugender Gedanke. Spätestens seit dem Beginn der napoleonischen Ära am Anfang des 19. Jahrhunderts und gipfelnd in den beiden Weltkriegen des 20. Jahrhunderts hatten alle europäischen Nationen in schrecklicher Weise am eigenen Leib erfahren, warum es ihnen auf alle Zeiten unmöglich gemacht werden muss, sich jemals wieder gegenseitig und zugleich weite Teile der Erde mit Kriegen zu überziehen. Frieden, verbunden mit den Grundwerten der Demokratie und der Menschenrechte: So lautete denn auch das von einer breiten Mehrheit getragene Leitmotiv für den Abschluss der Römischen Verträge, die Frankreich, Italien, die drei Beneluxstaaten und Deutschland 1967 vereinbart haben.

Vor dem Hintergrund, dass die militärische Dominanz von Frankreich als Siegerland des Zweiten Weltkriegs und als Atommacht in keinem Augenblick zur Diskussion stand, hatte sich dieser Weg dadurch eröffnet, dass der in Rom neu gegründeten Europäischen Gemeinschaft (EG) die von Frankreich und Deutschland ins Leben gerufene sogenannte Montanunion vorausgegangen war. Entsprechend den Zielen des eigentlichen Urvaters der modernen europäischen Vereinigung, des Franzosen Jean Monnet, war darin die beiderseitige Kohle- und Stahlindustrie unter einheitlicher Leitung zusammengelegt worden, um auf diese Weise zu verhindern, dass beide Länder jemals wieder gegeneinander aufrüsten könnten.

Niemand dachte in dieser Gründungsphase ernsthaft daran, die EG zu einem den politischen Strukturen der Partnerländer übergeordneten Staatsgebilde weiterzuentwickeln. Bereits im folgenden Jahrzehnt begannen jedoch Bundeskanzler Helmut Schmidt und sein französischer Bruder im Geist, Präsident Valéry Giscard d'Estaing, sich miteinander Gedanken über die künftige strategische Entwicklung in Europa zu machen. Obwohl ihre Nachfolger Helmut Kohl und François Mitterrand gleichfalls im Kern ihres Denkens überzeugte Anhänger einer europäischen Vereinigung waren, sollte es dann allerdings noch ein ganzes Jahrzehnt dauern, bis sich die Mitgliedsländer 1992 im Vertrag von Maastricht darauf einigten, die EG zur heutigen Europäischen Union (EU) – und damit im Sinne des Wortes zu einer politischen Vereinigung – weiterzuentwickeln.

Schon dieser gewiss zögerliche Versuch, der Gemeinschaft der europäischen Staaten ein zusammengefasstes Gewicht in übergeordneten politischen und wirtschaftlichen Fragen zu verschaffen, war allerdings immer wieder auf spürbaren – wenn auch überwiegend nur informell betriebenen – Widerstand der USA gestoßen. Noch weit deutlicher war das dahinterstehende Bestreben, trotz aller transatlantischen Verbundenheit einer möglichen wirtschaftlichen und politischen Rivalität der Europäer vorzubeugen, freilich erst dann geworden, als die schließlich im Jahr 2002 in Kraft tretende Einführung des Euro als gemeinsame Währung ernsthaft zur Diskussion stand.

Manche Europäerinnen und Europäer sträuben sich bis heute, die nüchterne Wahrheit anzuerkennen, die sich hinter der Gründung der EU, den seither erreichten Schritten zur weiteren Integration ihrer Mitgliedsstaaten und – nicht zuletzt! – hinter der Einführung der europäischen Währungsunion verbirgt.

Wohl wissend, dass sie ohne die Freizügigkeit des gemeinsamen europäischen Marktes im Elend versinken müssten, meinen diese Protagonisten – an der Spitze die unseligen politischen Beförderer des »Brexits« – bis heute, die Bürgerinnen und Bürger für dumm verkaufen zu können, indem sie ihnen vorgaukeln, ihre Länder könnten die mit einer Mitgliedschaft in der EU verbundenen Vorteile auch ohne die damit verbundenen Pflichten ungehindert weiter nutzen und zugleich weltpolitisch überleben, wenn sie sich gegen jedwede übergeordnete Einordnung und die damit verbundene Verantwortung abschotten.

Wollte man solchen Populisten tatsächlich Folge leisten, es würde nichts anderes bedeuten, als offenen Auges Selbstmord zu begehen. Um das zu begreifen, hätte es nicht einmal der politischen Entwicklung in den USA nach der Wahl von Donald Trump zum Präsidenten bedurft. Nein, auch schon vorher standen wir Europäer überall dort, wo es zur Sache ging, in Wahrheit allein. Unterstrichen wird diese nüchterne Feststellung durch das jenseits des Atlantischen Ozeans weitverbreitete – und keineswegs nur durch Trump verkörperte – Dogma namens *America first*: Schlicht und einfach läuft es darauf hinaus, dass die amerikanischen Eigeninteressen absoluten Vorrang vor schwächlicher Rücksichtnahme auf andere haben.

Diese einfache Wahrheit auszusprechen hat beileibe nichts mit einem ebenso dummen wie billigen Antiamerikanismus zu tun. Sie trifft ganz einfach die Realität, auf die wir uns – und das nicht erst seit heute – gänzlich unabhängig davon einzurichten haben, ob gerade die Republikaner oder die Demokraten in Washington am Ruder sind. Dabei geht es um weit mehr als um nüchterne wirtschaftliche Interessen – es geht in umfassendem Sinne um unser Leben in Frieden, Freiheit und Wohlstand. Daher bleiben wir auch mehr als gut beraten, bei unserem eigenen Handeln stets einen guten Rat aus dem alten Rom zu bedenken: *et tua res agitur.*

Wie gesagt: Die Zeiten sind ein für alle Mal vorbei, als wir es uns noch leisten konnten, die Vorgänge um uns herum mit dem abstrakten Interesse von Zuschauern auf der Tribüne zu verfolgen, uns also, im Vertrauen auf den großen Bruder in Nordamerika, zu Hause in unsere warmen Sessel zurückzulehnen.

Ohne Abstriche betrifft das nicht zuletzt die weitere Entwicklung des riesigen russischen Reichs mit seiner nuklearen Bewaffnung wie auch der Türkei mit ihrer geopolitisch so gewichtigen Lage: Deren Alleinherrscher, sollte es bei ihnen, aus welchen Gründen auch immer, zu schweren innenpolitischen Krisen kommen, werden ihre Zepter wohl kaum freiwillig abtreten – mit Folgen, auf die wir uns lieber rechtzeitig vorbereiten sollten.

Was für die Mitgliedsländer der EU und damit für uns alle auf dem Spiel steht, ist im Sommer 2020 dramatisch deutlich geworden. Auf den Punkt gebracht ging es um die Frage, ob sie die Kraft aufbringen, sich nicht jedes für sich, sondern gemeinsam den wirtschaftlichen Folgen der Corona-Pandemie – und zugleich damit den künftigen politischen Stürmen der Zeit – zu stellen.

Zu diesem Zweck hatten Frankreich und Deutschland vorgeschlagen, bei der EU einen Fonds in Höhe von 500 Milliarden Euro aufzulegen. Er sollte dazu dienen, Mitgliedsländer, darunter in allererster Linie Italien, finanziell zu unterstützen, denen es wegen ihrer bereits hohen Verschuldung verwehrt war, sich an den internationalen Kreditmärkten zusätzliche Mittel für die Wiederbelebung ihrer Wirtschaft – und darüber hinaus für lange überfällige strukturelle Reformen ihrer gesamten Wirtschafts- und Sozialsysteme – zu beschaffen.

Kurz darauf hatte die Europäische Kommission diesen Vorschlag durch die Bereitschaft ergänzt, für die gleiche Zielsetzung einen Kreditrahmen von 250 Milliarden Euro abzusichern. Zusammen mit dem laufenden Etat der Gemeinschaft, worüber ohnehin zu beschließen war, ging es also darum, der Union Mittel in Höhe von nahezu zwei Billionen Euro zur Verfügung zu stellen.

Nicht überraschend lösten diese Vorschläge ein politisches Erdbeben aus. Abgesehen von der bislang unvorstellbaren Summe liefen sie darauf hinaus, dass sich die EU als politische Gemeinschaft zum ersten Mal in ihrer Geschichte nennenswert selbst verschulden sollte – mit der Folge, dass die Mitgliedsländer gemeinsam dafür zu haften hätten. Doch weit mehr als das: Im Ergebnis ging es schlichtweg darum, dass die sogenannten reichen Länder, an der Spitze die Bundesrepublik, ohne Gegenleistung Geldmittel in die »armen« Länder zu transferieren hätten, mit der Folge, dass aus der EU zum namenlosen Schrecken einer ganzen Heerschar von sich selbst als konservativ verstehenden Politikerinnen und Politikern, nicht zuletzt in der CDU und CSU, eine »Transferunion« werden sollte.

Ausgehend von diesem Konzept, haben sich der Europäische Rat der Staats- und Regierungschefs und das Europäische Parlament nach kräftezehrenden Auseinandersetzungen dann auch tatsächlich auf einen Kompromiss geeinigt, der die Grundelemente der Vorschläge unberührt gelassen hat. Und obwohl Ungarn und Polen angedroht hatten, den Vollzug durch ihr Veto zu blockieren, weil ihre nationale Unabhängigkeit angeblich über Gebühr eingeschränkt werde, ist die Auseinandersetzung zum guten Ende darauf hinausgelaufen, dass unweigerlich künftig aus der dahinterstehenden Vision einer europäischen Gemeinschaft mit selbstständigem staatlichem Charakter Schritt um Schritt Wirklichkeit wird – eine Wirklichkeit, die selbst durch noch so fanatische Streiter für die nationalpolitische Unabhängigkeit der Mitgliedsstaaten nicht mehr rückgängig zu machen ist.

Unbeschadet davon liegt es allerdings auf der Hand, dass sich die EU mit diesem Konzept eine ganze Reihe von Problemen ins Haus geholt hat. Damit kann sie womöglich noch in schweres Wasser geraten – oder theoretisch sogar daran scheitern.

Zur Bedienung der benötigten Kredite bedarf es ebenso wie zur Finanzierung des beschlossenen Haushalts neben den Beiträgen der Mitgliedsländer auch noch nennenswerter eigener Einnahmen der EU aus neuen Steuern und Abgaben. Auch diese müssen jeweils einstimmig durch den Europäischen Rat und mehrheitlich durch das Europäische Parlament verabschiedet werden. Weiterhin sollen die den Mitgliedsländern zugedachten Zuschüsse und Kredite jeweils mit besonderen Konditionen verknüpft werden – wobei für den Fall einer Nichterfüllung etwaige Sanktionen wiederum nur einstimmig beschlossen werden können.

Trotzdem gibt es ein – mehr als gewichtiges – historisches Beispiel dafür, dass selbst Hindernisse dieser Art überwunden werden können. Olaf Scholz hat seinerzeit in diesem Zusammenhang zu Recht an seinen damaligen amerikanischen Kollegen Alexander Hamilton erinnert, der am Ende des 18. Jahrhunderts eine durchaus vergleichbare Situation dazu nutzte, die zuvor nur lose verbundenen und zeitweise zutiefst zerstrittenen 16 Mitgliedsstaaten durch den geschickten Einsatz finanzieller Druckmittel untrennbar zu vereinigten Staaten gleichsam zusammenzuzwingen.

Zumindest in die gleiche Richtung hat sich die Europäische Union 2020 endlich auf den Weg gemacht.

Dabei empfiehlt es sich sehr wohl, realistisch zu bleiben: Im Augenblick und in nächster Zukunft wäre jeder ernsthafte Versuch, aus der

Europäischen Union einen föderalen Bundesstaat zu machen, der den Mitgliedsstaaten mit eigener staatlicher Souveränität sozusagen übergeordnet ist, von vornherein und hoffnungslos zum Scheitern verurteilt.

Zwar haben die Mitglieder auch schon bisher der Union in gewissem Umfang eigenständige staatliche Rechte eingeräumt. Sie schlagen sich nieder in einem für Außenstehende kaum noch überschaubaren Wirrwarr von vertraglichen Vereinbarungen, die zuletzt 2006 im Vertrag von Lissabon zusammengefasst wurden. In vorderster Linie zählt dazu die Handelspolitik der EU – aber auch auf weiten Bereichen der nach innen gerichteten Politik, etwa beim Umwelt- oder Verbraucherschutz und für das Verkehrs- oder Agrarwesen, hat die Hohe Kommission mit Billigung des Parlaments die Befugnis, Richtlinien festzulegen, mit denen die Mitglieder zum Erlass entsprechender nationaler Maßnahmen, insbesondere von Gesetzen oder Verordnungen, verpflichtet werden.

Von einer Übertragung echter staatlicher Souveränität waren und sind diese Regelungen allerdings schon deswegen weit entfernt, weil der Union bisher neben den diese bindenden jährlichen Zuwendungen ihrer Mitglieder kaum nennenswerte eigene Einnahmen – höchstens gerade noch eine geringe Beteiligung an der Mehrwertsteuer der Mitgliedsländer – zur Verfügung stehen.

Zwar eröffnet die erwähnte, im Sommer 2020 grundsätzlich vereinbarte Regelung nun tatsächlich der EU weitere Spielräume, die in der Tat weit über die bisherigen Einengungen hinausführen. Dennoch bedarf es sicherlich keiner besonderen prophetischen Gabe, um vorherzusagen, dass sich zumindest eine gewichtige Zahl der Mitglieder auch weiter mit Zähnen und Klauen dagegen wehren wird, dass am Ende aus der Union ein souveränes Staatsgebilde im Sinne eines eigenständigen Bundesstaates entsteht.

Am plastischsten wird das wohl an einem – gewiss ironisch gemeinten! – Trugbild deutlich: Man stelle sich vor, wie es beispielsweise in Frankreich aufgenommen würde, wenn bei einem Staatsempfang eines künftigen Präsidenten der Vereinigten Staaten von Europa für seinen chinesischen Kollegen der jeweilige französische Präsident (immerhin ein Nachfolger von Charles de Gaulle!) in der zweiten Reihe Platz nehmen müsste ...

Mit anderen Worten: Noch geraume Zeit wird vergehen, bis eines schönen Tages aus der heutigen Europäischen Union tatsächlich die Vereinigten Staaten von Europa geworden sind. Das gilt umso mehr, wenn man sich nüchtern vor Augen hält, dass die dafür unerlässlichen Verfassungsänderungen in ausnahmslos allen Mitgliedsstaaten zuvor durch entsprechende Volksabstimmungen gebilligt werden müssten.

Dahinter verbirgt sich natürlich viel mehr als nur eine verfassungsrechtliche Formalie. Vielmehr geht es darum, dass es noch einer sehr langen Strecke von Überzeugungsarbeit bedarf, bevor eine ausreichende Mehrheit der beteiligten Bevölkerungen davon überzeugt ist, dass der Eintritt ihres Landes in eine übergeordnete bundesstaatliche Struktur in keiner Weise zum Verlust ihrer gewohnten gesellschaftlichen und kulturellen Traditionen und Eigenheiten führen muss.

Ein – wenn man so will –gütiges Geschick hat dafür gesorgt, dass es mir selbst nie schwergefallen ist, das nahezu als Selbstverständlichkeit zu verstehen. Ich bin, wie gesagt, in einem fremden Land und inmitten von fremden Menschen aufgewachsen, habe gelernt, ihre Sprache wie meine eigene zu sprechen, ohne je ihre Sitten als etwas Fremdes zu empfinden. Später hat es mein Beruf mit sich gebracht, ständig mit Menschen zu tun zu haben, deren Heimatsprache – insbesondere Englisch oder Französisch – ich zwar recht gut beherrschte, deren traditionelles Selbstverständnis sich jedoch weit genug von dem unterschied, was in meinem eigenen Arbeitsumfeld üblich war: holzschnittartig sprechende und denkende Amerikaner,

überhebliche ENA-Absolventen aus Frankreich, ihre Kultur zeleb-
rierende oberitalienische Firmeninhaber oder trotz aller Höflichkeit undurchdringlich verschlossen wirkende japanische Kollegen.

Ernsthafte Probleme, mich mit solchen Partnern aus aller Welt
von Gleich zu Gleich zu verständigen, hat es für mich dennoch nie
gegeben. Was das gegenseitige Verstehen zwischen deutschen und
französischen Unternehmen angeht, haben wir uns zudem in
einer regelmäßig in Evian am Genfer See zusammenkommenden
Gruppe bewusst und recht erfolgreich bemüht, traditionelle Vorurteile zu überwinden: Wir wussten alle, dass wir viel Geduld
brauchten, uns aber zum Schluss problemlos gegenseitig verstehen
würden.

Für die Frau und den Mann aus einer mittelgroßen Stadt in Fran-
ken oder in der Provence, in Malaga oder im Piemont wird das zweifellos gleichfalls nicht von selbst gelingen. Doch wer den Mut aufbringt, offen und ehrlich mit ihnen zu reden, ihnen geduldig zu erklären, warum es um ihre eigene Zukunft und die ihrer Kinder geht,
wird am Ende auch sie überzeugen. Nicht zuletzt beweist das eine
Entwicklung, die noch vor wenigen Jahren kaum jemand für möglich gehalten hatte – und die trotzdem inzwischen immer mehr zur
alltäglichen Realität geworden ist: die Gleichberechtigung von Frau-
en und Männern im beruflichen Leben!

Umso wichtiger bleibt es, sich immer wieder von Neuem daran zu
erinnern, wie viel Zeit wir schon mit eher kleinkarierten – wenn
auch zumindest hie und da aus der jeweiligen Tagessituation heraus
verständlichen – Streitereien über die Gestaltung der EU und über
ihre Befugnisse gegenüber den Mitgliedsländern verloren haben.
Deutschland und seine Regierung tragen dafür eine nicht geringe
Mitverantwortung.

Denkt man an mancherlei Höhepunkte dieses Geschehens zurück, kann es einem noch nachträglich schwindlig werden. Als bezeichnende Beispiele mögen die nun schon zehn Jahre zurückliegende Eurokrise und die folgende Griechenlandkrise dienen, deren mehr oder minder dramatische Folgen bis heute nicht abschließend überwunden sind. Kennzeichnend für diese Krisen war allesamt eine vermeintlich sorgsame – um nicht zu sagen: hausväterliche – Politik der deutschen Bundesregierung. Zusammen mit dem damaligen Finanzminister Wolfgang Schäuble weigerte sich Bundeskanzlerin Angela Merkel dabei stets beharrlich, in eine wie auch immer geartete Mitverantwortung für die finanzielle Stabilität eines anderen Mitgliedsstaates hineingezogen zu werden.

Dahinter verbarg sich genau jenes grundlegende Missverständnis, das hierzulande schon seit allzu Langem unsere Einstellung gegenüber der EU geprägt hat. Es verkannte, dass eine politische Gemeinschaft von Ländern, die in vielerlei Hinsicht – ob in ihrer Bevölkerungsstruktur, in ihrer Wirtschaftskraft, in ihren kulturellen Traditionen oder ihren geschichtlichen Erfahrungen – unterschiedlich strukturiert sind, auf die Dauer nur dann zusammenwachsen kann, wenn die Mitglieder in guten wie in schlechten Zeiten füreinander einstehen. Im Klartext: Wenn sie nicht nur mit wohlfeilen Lippenbekenntnissen, sondern auch mit Taten bereit sind, sowohl die Vorteile als auch die Lasten der Gemeinschaft miteinander zu teilen – also: füreinander zu haften. Hierzulande war es seit jeher höchst unpopulär, sich zu einer solchen Wahrheit zu bekennen. Das hängt unmittelbar mit dem Vertrag von Maastricht zusammen, durch den mit Wirkung von 1999/2000 die Einführung des Euro als gemeinsame Währung für die teilnehmenden Länder beschlossen wurde.

Die vorangegangene öffentliche Diskussion über das Für und Wider eines solchen Schrittes hatte sich immer wieder um die Frage gedreht, ob man die bewährte und allgemein als Unterpfand für eine kernsolide staatliche Finanzpolitik angebetete gute alte Deutsche Mark zugunsten einer Währungsunion mit Partnern aufs Spiel setzen dürfe, die als bewährte Meister einer unkontrollierten staatlichen Schuldenmacherei galten. Hinzu kam die teils offen, teils hinter vorgehaltener Hand ins Feld geführte Behauptung, dass die jeweiligen Bevölkerungen traditionell weniger arbeitsam und weniger sparsam seien als die bekanntlich niemals über die Stränge schlagenden und zudem durch die Inflationsmisere der 1920er-Jahre klug gewordenen Deutschen.

Es war Helmut Kohl, der damals unbeirrbar – und schließlich erfolgreich – dafür gekämpft hat, dass die massiven Bedenken gegen die Währungsunion am Ende vergeblich blieben. Das gelang allerdings nur, indem der damalige Bundesfinanzminister Theo Waigel im Rahmen des Gründungsvertrages für die gemeinsame Währung strikte Bedingungen für das jeweils zulässige Haushaltsdefizit sowie die Gesamtverschuldung der an der sogenannten Eurozone teilnehmenden Länder erzwang.

Bald darauf sollte sich herausstellen, dass diese Bedingungen durch mehrere Beteiligte, zeitweise sogar durch die Bundesrepublik selbst, verfehlt wurden. Hierzulande führte das schließlich gar zur Gründung einer – inzwischen zur rechtsnationalen Truppe degenerierten und als solche in den Bundestag eingezogenen – Partei, der Alternative für Deutschland (AfD), durch den Ökonomieprofessor und Politamateur Bernd Lucke. Sie wollte uns einreden, die Deutschen hätten sich leichtfertig darauf eingelassen, ihr hart erarbeitetes Geld den chronisch unzuverlässigen südeuropäischen Partnern künftig sinnlos in den Rachen zu werfen. Unter der Federführung von Schäuble verlegte sich die Bundesregierung im weiteren Verlauf auf ebenso mühsame wie hartnäckige Anstrengungen, mit Hilfe der zuständigen Gremien der Währungsunion die Sünder durch drakonische Auflagen zur Einhaltung der vereinbarten Regeln zu verpflichten. Zumindest gewisse Erfolge dieser Politik haben sich seitdem in Portugal (das sich freilich zu einem eher anderen Weg entschieden hat) und in Spanien abgezeichnet. In Griechenland, dem ohne Zweifel dramatischsten Beispiel, steht das Ergebnis trotz einiger vielversprechender Anzeichen immer noch in den Sternen. Abgesehen davon ist jedenfalls die fragliche Strategie damals von Anfang an vor allem in den betroffenen Ländern auf massive Kritik gestoßen – und hat in Italien, dem für die Zukunft so wichtigen Gründungsland der EU, sogar politische Abenteuer ausgelöst, deren Ende trotz der Stabilisierungserfolge der Regierung Draghi nicht endgültig absehbar scheint.

Vielfältig waren die Argumente. Am meisten ernst zu nehmen war zweifellos die Befürchtung, dass eine allzu drastische Reduzierung der bisherigen Staatsausgaben zwangsläufig zulasten einer breiten Mehrheit der Bevölkerung gehen und unerträgliche, die demokratischen Strukturen gefährdende soziale Unruhen auslösen würde. Die bald in ganz Europa als Austeritätspolitik bezeichnete und überwiegend verrufene deutsche Strategie war folglich selbst in der öffentlichen Diskussion der als solide angesehenen Mitgliedsländer keineswegs unumstritten. Nicht nur manche eher auf der linken Seite des traditionellen politischen Spektrums angesiedelte Parteien und ihre Protagonisten, sondern auch bekannte Volkswirtschaftsexperten stellten sich auf den Standpunkt, dass es sachlich wie psychologisch unvertretbar sei, die betroffenen Länder und deren Bevölkerung auf diese Weise mit sich allein zu lassen. Viele von ihnen, an der Spitze der Internationale Währungsfonds (IWF), plädierten in diesem Sinne für einen weitgehenden Erlass der aufgelaufenen Schulden, andere hingegen dafür, anstelle eines kurzfristigen und rigiden Schuldenabbaus zumindest eine zeitliche Streckung, wenn nicht für einen längeren Zeitraum sogar die Aufnahme zusätzlicher neuer Schulden zuzulassen.

Nachdem ein Schuldenerlass angesichts des unnachgiebigen Vetos der Bundesrepublik von vornherein keine Chance hatte, konzentrierte sich die europaweite Auseinandersetzung alsbald auf die Frage, ob es nicht womöglich sinnvoll sein könnte, dass die EU selbst als Eurobonds bezeichnete öffentliche Anleihen auflegen könne, um die eingeworbenen Mittel anschließend auf der Grundlage eines bestimmten Schlüssels zur Entlastung der überschuldeten Länder zu verwenden. Das hätte bedeutet, dass alle Mitgliedsländer gemeinsam für die aufgenommenen neuen Schulden geradestehen, also dafür zu haften hätten, dass nicht nur die in ihre jeweiligen Kassen fließenden Anteile, sondern genauso auch die auf die überwiegend südlichen Schuldnerländer entfallenden Beträge pünktlich an die Gläubiger zurückgezahlt werden.

Der Streit über diesen Weg wurde vor allem bei uns in Deutschland mit einer Intensität geführt, die teilweise die Grenzen einer sachlichen – um nicht zu sagen: anständigen – Tonart überschritt. Als besonders wirkungsvoll erwies sich dabei die Einführung jenes Begriffs, der in anderem Zusammenhang oben schon einmal erwähnt wurde. Er war zwar für einfache Zeitgenossen kaum verständlich, klang aber umso bedrohlicher: Die Befürworter solcher Eurobonds seien, so hieß es nicht nur bei der FDP, sondern bis weit in die CDU/CSU hinein, darauf aus, die Eurozone in eine »*Transferunion*« zu verwandeln.

In der Folge kann man bis heute – nicht zuletzt in Kreisen mittelständischer Unternehmen – tatsächlich auf ernst zu nehmende Menschen treffen, die fest davon überzeugt sind, dass jene schrecklichen Eurobonds vor allem zu dem Zweck erdacht worden seien, das vereinte Europa dem Sozialismus auszuliefern. Zum Schluss mussten sich die Befürworter auch dieses Mal wieder dem billigen, aber äußerst publikumswirksamen Argument geschlagen geben, dass es unverantwortlich sei, unser wohlverdientes, auf der Grundlage unserer entbehrungsbereiten Sparsamkeit angesammeltes Geld leichtfertig hemmungslosen Schuldenmachern hinterherzuwerfen. Hinzu kam allerdings ein Umstand, der wesentlich gewichtiger war als derartiges pubertäres Geschwätz: Das Bundesverfassungsgericht zeigte mehrfach die Grenzen auf, die einer allzu weit ausgedehnten Übertragung grundlegender finanzpolitischer Hoheitsrechte auf übergeordnete Instanzen wie der EU gezogen sind – es sei denn, dass zuvor eine entsprechende Änderung des Grundgesetzes durch eine Volksabstimmung legitimiert worden wäre.

In der öffentlichen politischen Diskussion wurde schließlich das Thema nie ernsthaft zu Ende geführt, sondern stillschweigend ad acta gelegt. Ersatzweise einigte man sich, wenn auch gleichfalls nicht ohne energischen Widerspruch vor allem einiger deutscher Ökonomieprofessoren, auf die Einzahlung der Mitgliedsländer der Eurozone in einen sogenannten Rettungsfonds (ESM), der künftig in kritischen Notfällen durch Bereitstellung von Krediten aushelfen sollte.

Die auch hier – nicht anders als in so manchen anderen wichtigen Fragen – zutage getretene Neigung, die Auseinandersetzung über grundlegende politische Meinungsverschiedenheiten mit Hilfe von mehr oder minder billigen Kompromissen in die Zukunft zu vertagen, hängt untrennbar mit unseren eingeübten und in vieler Hinsicht auch bewährten parteipolitischen Traditionen und den darauf gründenden Strukturen zusammen. Nicht nur gleich nach der Gründung der Bundesrepublik, sondern bis weithinein in die 70er-Jahre des 20. Jahrhunderts – etwa im Zusammenhang mit der sogenannten Ostpolitik – war es noch regelmäßig an der Tagesordnung, mit größter Leidenschaft über außenpolitische Grundfragen zu streiten. Im krassen Gegensatz dazu verschwanden jedoch seit der deutschen Wiedervereinigung, also seit mehr als 30 Jahren, jegliche wirklich fundamentalen Meinungsverschiedenheiten zwischen den demokratischen Parteien immer wieder in den Schubladen, weil niemand mehr den Mut aufbrachte, den Kampf gegen die vielfältigen populistischen Argumente zu wagen, die jeweils unverzüglich wie Pilze aus dem Boden schossen.

Das Aufkommen der Grünen änderte daran nur wenig – jedenfalls so lange, bis ihnen die Einsicht in die Notwendigkeiten des Klimaschutzes, die sich wie ein Buschfeuer verbreitete, ungeahnte neue

Wahlchancen ins Haus spülte. Durch die immer lähmender um sich greifende Grundstimmung von Selbstgerechtigkeit und Langeweile entscheidend begünstigt wurde schließlich das Aufkommen der allenfalls in ihren Anfängen auf sachliche Argumentation bauenden, nach dem Ausscheiden von Lucke und seinem Team inzwischen längst zum Sammelbecken des Rechtspopulismus verkommenen AfD.

Dabei wird niemand abstreiten, dass hinter dem oft zitierten Verdikt des altgedienten sozialdemokratischen Schlachtrosses Franz Müntefering, wonach »Opposition Mist« sei, eine durchaus ernst zu nehmende Wahrheit steckt. Abgesehen von der unvermeidlichen Frustration, täglich miterleben zu müssen, wie die eigenen Vorschläge, mögen sie noch so gut begründet sein, auf dem Kehrichthaufen landen, geht es im politischen Geschäft auch um menschliche Realitäten. Nicht zuletzt zählt dazu, und es zeugt nur von bornierter Dummheit, darüber die Nase zu rümpfen, die materielle Sicherheit der weiblichen und männlichen Volksvertreter, die auf dem Spiel steht, wenn ihre Partei bei anstehenden Wahlen Gefahr läuft, massiv Stimmen und damit Mandate zu verlieren.

So oder so muss es daher zwangsläufig in jedem demokratischen Staat zu den vorrangigen Zielen einer seriösen Partei zählen, so bald wie möglich an die Regierung zu kommen. Als vielversprechendes Rezept dafür hat sich inzwischen der Gang in die sogenannte Mitte herausgestellt, sprich: der Mehrheit des Wahlvolkes möglichst nach dem Munde zu reden, anstatt sich auf grundlegende und möglicherweise unpopuläre Kontroversen einzulassen. Im Ergebnis hat diese fatale politische Gleichschalterei schließlich dazu geführt, dass sich zumindest bis zum Ausbruch der Corona-Pandemie eine breite Mehrheit der Bevölkerung vorgemacht hat, lieber vor unliebsamen Fragen die Augen zu verschließen und stattdessen auf einer durch uns selbst geschaffenen Insel der bleibenden Glückseligkeit zu leben.

Nicht zuletzt hat diese Tendenz zum Weichspülen zur Folge, dass in den gängigen Internetdiensten oder an den Biertischen der Nation niemand mehr Gehör finden kann, der nicht als Erstes die Politikerinnen und Politiker allesamt über einen Kamm schert: Sie verstehen nichts von der Sache, verschwören sich miteinander für dunkle Zwecke, kassieren (sic!) viel zu viel Geld für ihre armselige Tätigkeit und denken regelmäßig nur an den eigenen Vorteil oder denjenigen ihrer Partei.

Wer wollte schon leugnen, dass jedenfalls bisher hie und da manches für eine solche Beurteilung gesprochen hat? Andererseits verbirgt sich jedoch dahinter zumindest oft genug auch nichts anderes als die Überheblichkeit von Menschen, die keine Ahnung davon haben, wie mühselig und aufreibend der politische Beruf ist, welche Kenntnisse und welchen Einsatz er erfordert. Philip Rosenthal, während langer Jahre des vergangenen Jahrhunderts ein ebenso bedeutender Unternehmer wie Politiker, hat seine Erfahrung in der französischen Fremdenlegion, in der er in jungen Jahren gedient hatte, einmal in dem Satz zusammengefasst: »Der Prozentsatz von Intelligenten und Deppen, von anständigen Menschen und Armleuchtern ist unter Deutschen und Franzosen, Unternehmern und Gewerkschaftsführern, Professoren und Landarbeitern etwa gleich groß.« (»Einmal Legionär«, Albrecht-Knaus-Verlag, Hamburg 1981) Nach einem langen Leben, in dessen Verlauf ich eine große Zahl der Genannten – ebenso wie unzählige Politikerinnen und Politiker aller Couleur, die Rosenthal gewiss damit in gleicher Weise ansprechen wollte – kennenlernen durfte, stimme ich diesem Votum ohne Vorbehalt zu.

Sowohl auf der rechten wie auf der linken Seite des politischen Spektrums ist es hingegen zunehmend populär geworden, ausnahmslos und ohne jegliche Differenzierung gleich eine ganze Schicht unserer Gesellschaft als Schuldige an dem gähnenden politischen Desinteresse festzumachen. Nichts anderes gilt für vielfältige Kommentare in den Medien aller Art, deren Verfasser sich selbst einer vermeintlichen Intelligenz zurechnen: In auffallender Übereinstimmung mit den schon erwähnten rechtsgerichteten Querulantenbewegungen behaupten sie gern, dass ein breiter Teil der europaweiten Bevölkerung die sogenannte Elite und zusammen mit dieser überhaupt das ganze System satthabe.

Welch schierer Unsinn! »Elite«: Das sollen offenbar alle jene geheimnisvollen Allmächtigen sein, die letzten Endes, sei es in der Politik, in den Medien, den Gewerkschaften, den Kirchen, ja in den großen Sportvereinen oder selbst in den mächtigen NGOs, ganz allein die Entscheidungen treffen. Und »System«: Das böse, in den 1920er-Jahren bereits mit Vorliebe von den erklärten Feinden der Demokratie gegen die damalige Weimarer Republik ins Feld geführte Schlagwort will besagen, dass eben die Angehörigen dieser »Eliten« – manche versteigen sich gar zu der Unterstellung, auch das Justizwesen zähle dazu! – im Grunde genommen allesamt unter einer Decke steckten, indem sie sich zulasten der einfachen Bevölkerung zumindest in einer Hinsicht einig sind: sich keinesfalls gegenseitig von den reich gefüllten Futternäpfen der Nation verdrängen zu lassen.

Zweifellos gibt es zahllose Beispiele für eine schmutzige Kumpanei unter Kontrahenten, die nach außen scheinheilig vorgeben, für gegensätzliche Interessen einzustehen. Das gilt nicht nur für Unternehmen, die der Versuchung unterliegen, auf Kosten der Verbraucher ihren Profit durch allerhand Gaunereien zu steigern. Genauso gilt es für manches vertrauliche Strippenziehen zwischen Vertretern von Politik und Medien – und auch die weiteren genannten Mitglieder der »Eliten« sind davon, wie wir wissen, keineswegs grundsätzlich ausgenommen.

Doch wer aus solchen Vorkommnissen schließt, dass die große Mehrzahl aller Beteiligten ständig ihre eigene Unabhängigkeit wegwirft, um sich unter der Hand zulasten der Allgemeinheit miteinander zu verschwören, der verkennt ganz einfach die Realität. Sie lautet, dass es abgesehen von einzelnen, jedoch behandlungsfähigen Krankheitssymptomen nicht den geringsten ernst zu nehmenden Nachweis für einen solchen Befund gibt. Im Gegenteil: Zumindest hie und da sollten wir uns ein wenig selbstkritisch befragen, ob unser auf dem Grundgesetz der Bundesrepublik Deutschland beruhendes politisches System nicht doch beträchtlichen Respekt, ja auch Stolz, verdient – sodass es an bewusstes Zündeln heranreicht, die Gesundheit unseres Gesellschaftssystems und in der Folge unser freiheitlich-demokratisches Staatswesen mit billigen Unterstellungen infrage zu stellen.

Über alles Maß deutlich wird das, wenn wir uns die bisherige öffentliche Diskussion über die Zukunft der Europäischen Union vor Augen halten.

Zu keinem Zeitpunkt, auch nicht während der schwersten Krisen (und das waren wahrlich nicht wenige!), konnte irgendein Zweifel daran bestehen, dass die jeweilige Bundesregierung – abgesehen von ihrer finanzpolitischen Halsstarrigkeit – stets verlässlich bereit war, alles in ihren Kräften Stehende zu tun, um ein Auseinanderfallen der Gemeinschaft zu verhindern. Immer dann, wenn es unter den Mitgliedsländern hart auf hart zuging, beschränkten sich folglich die Staats- und Regierungschefs – mit Bundeskanzlerin Merkel an der Spitze – regelmäßig darauf, in endlosen Nachtsitzungen des Europäischen Rats um wenigstens einigermaßen tragfähige Kompromisse zu ringen, die dem staunenden Publikum anschließend als epochaler Erfolg verkauft wurden. Hingegen fand niemand, weder bei uns noch anderswo, den Mut, klipp und klar zu sagen, dass dies kein Dauerzustand bleiben darf – sondern die Zukunft jedes einzelnen Mitgliedslandes nur als gesichert gelten kann, wenn es sich endlich klar und unmissverständlich zu dem Ziel bekennt, für die Union eine den europäischen Gegebenheiten gerecht werdende Art bundesstaatliche Struktur zu finden.

Alle diejenigen, die unter der Einheit Europas mehr verstehen als nur die gemeinsame Wahrnehmung nationalstaatlicher Einzelinteressen, wissen ganz genau, dass es keine Alternative dazu gibt, als letzten Endes auf das Entstehen eines in diesem Sinne gemeinsamen europäischen Staates hinzuarbeiten. Gelingen kann dies jedoch nur, wenn große Teile der traditionellen staatlichen Souveränität Schritt für Schritt auf die Union überführt werden und die Mehrheit der jeweiligen Wählerinnen und Wähler das Projekt mitträgt.

Genau in diesem Sinne hatte sich zu Zeiten der früheren rot-grünen Regierungskoalition (1998 bis 2005) der damalige Außenminister Joschka Fischer tatsächlich einmal getraut, in einer beachtlichen Rede eine Diskussion über die »Finalität Europas« anzumahnen. In der Folge ist das jedoch nie ernsthaft geschehen, sondern jeglicher weitere Diskurs wurde durch das übereinstimmende Stillschweigen der Weichspüler in allen politischen Lagern schleunigst in die Versenkung verdammt.

In Frankreich und den Niederlanden, immerhin Gründungsmitglieder der seinerzeitigen Europäischen Gemeinschaft, spielte sich zudem um die gleiche Zeit eine wahre politische Katastrophe ab. Die dortigen Volksabstimmungen über einen 2004 in Rom vereinbarten europäischen Verfassungsentwurf verliefen negativ. Wie ein Lauffeuer verbreitete sich daraufhin in allen unseren demokratischen Parteien die feste und unerschütterlich durchgehaltene Überzeugung, dass die Frage nach der weiteren Entwicklung der EU als absolutes Tabuthema mit allen Mitteln totgeschwiegen werden müsse.

Mit Ausnahme der AfD pflegen sich ausnahmslos alle an den Wahlen teilnehmenden Parteien zur europäischen Vereinigung zu bekennen. Sobald es hingegen um konkrete Wahlziele geht, finden sich zwar regelmäßig in ihren Programmen viele Seiten voller wohlklingender und manchmal sogar konkreter Vorstellungen und Forderungen für alle möglichen politischen Bereiche – hingegen nirgendwo die unmissverständlich klare Absicht, die Errichtung eines europäischen Bundesstaats handfest voranzubringen.

Dabei ist es nicht nur während des Bundestagswahlkampfs im Herbst 2021, sondern auch bei der nachfolgenden Regierungsbildung und bis heute geblieben. Das konnte und kann in mancher Hinsicht nicht überraschen, zumal beispielsweise die SPD bei der Bundestagswahl 2017 mit ihrem sich mutig und entschlossen zur europäischen Vereinigung bekennenden Spitzenkandidaten Martin Schulz so spektakulär Schiffbruch erlitten hat. Die Ursachen sind nicht allzu schwer festzumachen: unbestreitbare Missgriffe der verantwortlichen politischen Führung in den Mitgliedsländern auf der einen, nicht minder unüberlegtes Handeln der in Brüssel angesiedelten Gremien der EU auf der anderen Seite.

Die Brüsseler Bürokratie genießt nun einmal einen nachgerade legendären Ruf. Ursprünglich erworben hat sie ihn mit der berühmten Vorgabe für die maximal zulässige Krümmung von Salatgurken. Seitdem sind weitere Beispiele Legion (auch wenn sie bei näherem Hinsehen zumindest überwiegend durchaus Sinn zu machen pflegen). In der Tat kann daher niemand ernsthaft leugnen, dass die Europäische Kommission, wenn auch regelmäßig mit Zustimmung des Europäischen Parlaments, die ihr zugedachte Richtlinienkompetenz mehr als nur einmal recht ungeschickt angewandt, ja auch überinterpretiert hat. In der Folge ist es in nahezu allen Mitgliedsländern zur selbstverständlichen Gewohnheit der Opportunisten aller politischen Couleur geworden, jegliche durch die EU neu beschlossene Regulierung als mehr oder minder unverschämten Eingriff in bewährte nationale Traditionen zu denunzieren.

Kaum jemand macht sich hingegen die Mühe abzuwägen, ob es sich vielleicht um Angelegenheiten – wie die Gesundheit, das Klima, die Bildung oder die Wirtschaft – handeln könnte, deren einheitliche Regelung unter dem Strich uns allen zugutekommt. Mit anderen Worten: Der Begriff Brüssel hat längst in weiten Kreisen der Bevölkerung jegliche positiv besetzte Bedeutung verloren und gilt umgekehrt geradezu als Sinnbild für eine wild gewordene Bürokratie, der energisch Einhalt geboten werden muss. Hinzu kommt die gleichfalls in der jeweiligen breiten Öffentlichkeit üblich gewordene Herabsetzung der Kommission und ihrer Mitglieder. Nicht zuletzt geht sie zurück auf den mehr als unglücklichen Anspruch der Mitgliedsländer, entsprechend ihrer Bevölkerungszahl durch Kommissarinnen oder Kommissare vertreten zu sein. In der Folge mussten und müssen oftmals sachliche Zuständigkeiten geschaffen oder gar auf Teilzuständigkeiten aufgeteilt werden, die eher kuriose Bezeichnungen tragen, unter denen sich einfache Menschen auf der Straße bei bestem Willen nichts vorstellen können.

Parallel dazu hat jener Europäische Rat der Staats- und Regierungschefs schon seit Langem eine große Meisterschaft in zahllosen Spielarten der Geheimdiplomatie entwickelt. Um zu vermeiden, dass man durch innenpolitische Gegner der leichtfertigen Nachgiebigkeit verdächtigt wird, gehört es folglich zu den Selbstverständlichkeiten des politischen Handwerks, dem eigenen Wahlvolk auf gar keinen Fall reinen Wein einzuschenken, sondern am nächsten Morgen mit übernächtigter Miene der wartenden Presse zu verkünden, dass man gegen größte Widerstände erfolgreich die eigenen nationalen Interessen gewahrt und durchgesetzt habe.

Und schließlich das Europäische Parlament, dessen Plenum in Straßburg zu tagen pflegt. Ursprünglich war ihm lediglich eine unverbindliche Beratung der Brüsseler Kommission zugedacht. Erst seit einer 2009 in Kraft getretenen Änderung der Europäischen Verträge sind seine Befugnisse um einige wenige, letzten Endes allerdings kaum ins Gewicht fallende Entscheidungsbefugnisse ergänzt worden.

Immerhin gehört allerdings die Zustimmung zu der durch den Europäischen Rat vorgeschlagenen Ernennung von Kommissionsmitgliedern dazu. Doch weder hat das Parlament das Recht zur entscheidenden Mitwirkung an grundlegenden politischen Weichenstellungen noch gar, wie gesagt, die Kompetenz zur Verabschiedung eines Haushalts, der auf eigenen Steuereinnahmen der Union beruht. Folglich nimmt eine große Bevölkerungsmehrheit der Mitgliedsländer das Parlament – dessen Mitglieder zudem nur in Ausnahmefällen wenigstens dem Namen nach bekannt sind – nicht nur kaum ernst, sondern empfindet es letzten Endes immer noch als eine Art gehobene und eher überflüssige Schwatzbude.

Zart am Horizont hat sich ein Ende der Lähmung jeglicher Diskussion über die Finalität Europas zum ersten Mal abgezeichnet, als die Präsidentschaftswahl in Frankreich im Frühjahr 2017 ein veritables Gewitter auslöste: Emmanuel Macron legte sich sowohl im Wahlkampf zur Vorauswahl der Kandidaten als auch in der folgenden Auseinandersetzung mit seiner Gegenkandidatin vom sogenannten Rassemblement National ebenso unmissverständlich wie mutig auf das Bekenntnis zu einer fortschreitenden Vertiefung der EU mit eigenen Steuereinnahmen und einem verantwortlichen Finanzminister fest – um dieses Bekenntnis nach seiner Wahl nochmals in einer großen öffentlichen Rede zu bestätigen.

Der französische Präsident hatte allerdings nicht mit dem unübertrefflichen Talent der deutschen Bundeskanzlerin gerechnet, ihr unwillkommene Themen durch geschicktes Taktieren auf die lange Bank zu schieben. Eine ernsthafte Diskussion hat seine mutige Initiative jedenfalls nicht ausgelöst – bis die in jeder Richtung dramatischen wirtschaftlichen Folgen der Corona-Pandemie in ausnahmslos allen Mitgliedsländern der EU dazu geführt haben, dass sogar Angela Merkel sich doch noch dazu durchringen musste, gemeinsam mit ihrem französischen Kollegen Schritte vorzuschlagen, die sich schließlich in den bereits angesprochenen grundlegenden Beschlüssen vom Sommer 2020 niedergeschlagen haben.

Ein Zurück gibt es nun nicht mehr.

Ob wir es wollen oder nicht: Die schönen Jahre der Bequemlichkeit sind unwiederbringlich vorbei. Irgendwann werden sich die Bürgerinnen und Bürger der Europäischen Union entscheiden müssen. Die Wahl, vor der sie stehen, lautet: Wollen wir uns damit abfinden, dass die Union weiter vor sich hindämmert, um langsam, aber sicher in einer zunehmenden Flut von kaum noch verständlichen Kompromissen unterzugehen – oder finden wir die Kraft, uns gemeinsam den epochalen Herausforderungen eines sich unaufhaltsam ändernden Weltgeschehens zu stellen? Das Letzte wird nicht ohne Opfer abgehen, ohne materielle Lasten, die jede und jeden von uns treffen, beziehungsweise nicht ohne Abstriche an manchen (wenn auch, wie gesagt, nicht im Entferntesten an allen) unserer über Generationen hinweg lieb gewonnenen Traditionen.

Zu dem Zeitpunkt, zu dem diese Zeilen niedergeschrieben werden, bleibt trotz mancher positiven Zeichen am Horizont die Frage unbeantwortet, zu welcher dieser Möglichkeiten wir uns am Ende bekennen werden. Die Überzeugung, Europa müsse wieder zu einem Verein von Einzelspielern werden, deren jeweils nationale Gewohnheiten und Interessen Vorrang haben vor der Rücksichtnahme auf andere, ist in vielen Mitgliedsländern ungebrochen. Als politischer Spitzenreiter zählt dazu das unter seinem Ministerpräsidenten Viktor Orbán immer stärker als ein halbautoritär geführtes Land wie Ungarn, dessen Legitimation als Mitglied einer Gemeinschaft demokratischer Staaten inzwischen schon mehr als fragwürdig geworden ist.

Für den Fall, dass nicht alle gegenwärtigen Partner der EU tatsächlich den Mut aufbringen, sich auf den Weg zu einer deutlich fortschreitenden Vereinigung zu wagen, könnte daher nur ein einziger Ausweg bleiben. Zwar stünden ihm gewaltige juristische Hindernisse im Weg, doch er könnte und müsste wohl lauten, sich im Falle einer unumstößlichen Verweigerung von solchen bisherigen Mitgliedsländern zu trennen, ohne zumindest für diejenigen, die meinen, sich noch Zeit für eine endgültige Entscheidung lassen zu müssen, die Tür endgültig zu verriegeln.

Allzu lange hat sich Bundeskanzlerin Merkel gesträubt, eine solche – eben in jeder Hinsicht zweifellos alles andere als einfache – Möglichkeit überhaupt in Betracht zu ziehen. Auch insofern hat sie jedoch schließlich ihrer Neigung zu pragmatischem Handeln Platz gewährt und angedeutet, dass Deutschland unter gewissen, wenn auch nicht näher genannten Umständen bereit sein könnte, eine Weiterentwicklung der Europäischen Union möglich zu machen, an der sich die Mitgliedsländer jeweils mit unterschiedlicher Geschwindigkeit beteiligen.

Wir alle wissen, dass auch Rom nicht an einem Tage erbaut wurde. Es geht also, um es erneut klar und deutlich zu sagen, nicht etwa um die von vornherein zum Scheitern verurteilte utopische Vorstellung, man könne die jetzige Struktur der EU mit einem einzigen großen Sprung in ein Staatsgebilde verwandeln, das den Vereinigten Staaten von Amerika vergleichbar wäre.

Das ändert jedoch nicht das Geringste an meinem dringenden politischen Rat an die Leserinnen und Leser dieses Buches. Er lautet, künftig bei Wahlen auf Bundesebene nur noch den Parteien ihre Stimme zu geben, die sich klar und unmissverständlich auf das Ziel festlegen, die Union Schritt für Schritt zu einer Art von europäischem Bundesstaat zu entwickeln – und das nicht irgendwann in ferner Zukunft, sondern so bald wie irgend möglich ...

Stolpersteine

In der Tat besagt die klare Benennung eines Ziels noch lange nicht, dass der Weg, der dorthin führen soll, sich schon allein deswegen als Kinderspiel herausstellen wird.

Im Verlauf meiner unternehmerischen Tätigkeit habe ich das handgreiflich genug erfahren müssen. Als wir, wie berichtet, bei Daimler-Benz um die Mitte der 1980er-Jahre damit begannen, uns Gedanken über die langfristige Zukunft des Unternehmens zu machen, waren unsere Vorstellungen von der zu erwartenden Entwicklung im bevorstehenden nächsten, dem 21. Jahrhundert gewiss noch recht vage. Erwähnt habe ich schon, wie wenig wir auch nur geahnt haben, welche gigantischen Wachstumschancen sich eines Tages auf dem chinesischen Markt eröffnen könnten. Genauso wenig konnte sich damals irgendjemand vorstellen, welchen wahrhaft revolutionären Einfluss die sich explosionsartig ausbreitende Digitalisierung auf die Entwicklung, die Produktion und den Verkauf von Automobilen ausüben würde. Und schließlich ahnte niemand, zu welcher manchmal schon an Massenhysterie grenzenden Grundwelle sich der Ruf nach dem sogenannten Klimaschutz entwickeln würde, der 30 Jahre später in einen wahrhaften Aberglauben an die Heilkräfte des elektrischen Antriebs von Straßenfahrzeugen münden sollte.

Unabhängig davon teilte jedoch die große Mehrzahl meiner Kollegen die Überzeugung, dass wir uns über kurz oder lang auf einen fundamentalen Wandel der Grundlagen einstellen sollten, an die sich die Menschheit bislang gewöhnt hatte. Folglich begannen wir, über mögliche unternehmerische Schlussfolgerungen nachzudenken, die geeignet sein könnten, unserem Haus, seinen Eigentümern und seiner Belegschaft im bevorstehenden neuen Jahrhundert eine weiterhin aussichtsreiche Entwicklung zu sichern.

Im Ergebnis haben wir uns auf einen Weg festgelegt, der dazu führen sollte, Daimler-Benz zu einem »integrierten Technologiekonzern« weiterzuentwickeln. In kurzen Worten zielte das darauf, unsere Position als weltweit führender Automobilhersteller durch den schnellen und wirksamen Zugriff auf grundlegende technische Umwälzungen zu stärken, die sich jenseits der traditionellen Tätigkeitsbereiche eines Herstellers von Automobilen am Horizont abzeichneten. Zu diesem Zweck, also keineswegs etwa nur, um besinnungslos weiter wachsen zu wollen, nahmen wir uns vor, die bei bestimmten anderen – größeren oder kleineren – Unternehmen erkennbar entstehenden oder bereits vorhandenen neuen technologischen Fähigkeiten und die damit verbundenen weiteren Potenziale so wirksam und zuverlässig wie möglich für unsere traditionell technisch führenden Straßenfahrzeuge zu nutzen.

Als weitere und in jeder Hinsicht gleichrangige Komponente dieser Unternehmensstrategie wollten wir zudem versuchen, solche für uns neuen Tätigkeitsbereiche auf längere Sicht zu eigenständigen Ertragsquellen weiterzuentwickeln, um auf diese Weise für den Fall vorzubauen, dass das traditionelle Automobilgeschäft eines Tages an seine natürlichen Wachstumsgrenzen stoßen oder gar schrumpfen könnte.

Diese Vorstellung – man mag sie auch Vision nennen – habe ich selbst als derjenige, der in unserem Vorstand die Hauptverantwortung trug, bis zu meiner Pensionierung in der Mitte der 1990er-Jahre auch nach außen offen kommuniziert und gegen teilweise kritische

Stimmen verteidigt. Das betraf keineswegs nur unsere Aktionärinnen und Aktionäre oder die uns begleitenden Medien. Weit wichtiger noch war unsere eigene Belegschaft. In vorderster Linie zählten dazu die leitenden Ingenieure in den Entwicklungsbereichen und der Produktion, wäre doch das ebenso ehrgeizige wie wagemutige Vorhaben ohne deren überzeugte Mitwirkung von vornherein zum Scheitern verurteilt gewesen.

Weder von meinen zuständigen Kollegen noch von irgendjemandem aus dem Kreis der Mitarbeiterinnen und Mitarbeiter habe ich in dieser Hinsicht jemals grundsätzliche Vorbehalte gehört. Im Gegenteil. Um nur zwei beliebige Beispiele aus vielen anderen herauszugreifen: Unter der Bezeichnung »Prometheus« wurde bald genug ein Forschungsprojekt auf den Weg gebracht, das auf der Suche nach Lösungen für die Mobilitätsprobleme der Zukunft erste Schritte in Richtung auf ein Ziel definieren sollte, das heutzutage als autonomes Fahren bezeichnet wird, während ein anderes vorrangiges Forschungsvorhaben auf ein umweltfreundliches Antriebssystem mit Brennstoffzellen (also auf Wasserstoff als Energiequelle) zielte.

Umso mehr bin ich mir im Nachhinein sicher, dass wir seit den beginnenden 90er-Jahren des vergangenen Jahrhunderts, als sich in den neu in den Konzern integrierten Bereichen der Luft- und Raumfahrt unvorstellbare neue Möglichkeiten der Digitalisierung und der Technologie abzeichneten, unnötig und womöglich sogar unverzeihlich viel Zeit verloren haben. Vor allem den verantwortlichen Ingenieuren (weibliche Kolleginnen waren eher noch die Ausnahme!) ist es damals – getragen von berechtigtem Stolz sowohl auf ihr Können als auch die traditionellen Erfolge und den damit zusammenhängenden Ruf unseres Hauses als weltweit vor allem technisch führendem Automobilunternehmen – nahezu unüberwindlich schwergefallen, anzuerkennen, dass man dennoch und zum eigenen Vorteil von anderen etwas lernen kann. »*Not invented here*«: Dieser Wahlspruch war zutiefst in ihrer Mentalität verankert und stand wie eine unüberwindliche Hürde im Weg, wenn es darum ging, fremde Erkenntnisse und Fähigkeiten für die eigene Arbeit heranzuziehen oder gar davon zu lernen.

Wie bei einem so ehrgeizigen Vorhaben vermutlich unvermeidlich, sind uns hinsichtlich des Zukunftspotenzials mancher unserer Akquisitionen auch gewichtige Fehleinschätzungen unterlaufen. Der entscheidende Fehler, den ich mir vor allem persönlich zurechne, lag allerdings darin, dass ich mir eingebildet habe, diese im menschlich-psychologischen Bereich festgemachten Hemmschwellen der eingeübten und bewährten Gewohnheiten – über die sich die meisten der Beteiligten vermutlich selbst nicht einmal klar waren – durch sachliche Argumentation überwinden zu können. Ganz in der gleichen Richtung hat man inzwischen auch aus vielerlei anderen Anlässen, getragen von dem durch die Digitalisierung ausgelösten fundamentalen Wandel, lernen müssen, wie schwierig es werden kann, große und mit der Zeit eher schwerfällig gewordene Wirtschaftsunternehmen an grundlegende Mentalitätsänderungen zu gewöhnen. Gelingen kann das trotzdem – ganz zu schweigen davon, dass es sich als schwerwiegender Fehler erweisen kann, lieber vor den zu erwartenden Problemen vorschnell die Fahne zu streichen.

Neben rationalen Argumenten, an denen es nicht mangelte, hätte es jedenfalls damals bei Daimler-Benz wohl weit mehr Zeit gebraucht, um geduldig und verständnisvoll auf die eingefleischten Hemmschwellen der Vergangenheit einzugehen. An die Stelle solcher einfühlsamen Geduld trat jedoch alsbald ein frisch aus den USA importiertes Dogma namens Shareholder-Value. Nach meinem Ausscheiden schloss sich die Mehrheit meiner weiter in aktiver Verantwortung stehenden Vorstandskollegen, kräftig ermuntert durch den damaligen Vorsitzenden des Aufsichtsrats, nahezu begeistert dieser neuen Traumvorstellung an. Fortan lautete das Ziel Profit, Profit – und das so schnell und so viel wie möglich.

Dahinter stand eine Entwicklung, die untrennbar mit der allgemeinen Entwicklung auf den Aktienmärkten zusammenhing. Über

nahezu die gesamte bisherige Wegstrecke während der Nachkriegszeit hatte die Mehrheit des Aktienbesitzes der meisten bedeutsamen
deutschen Unternehmen gewohnheitsmäßig in festen Händen gele-
gen. Grundlegende Entscheidungen über den Weg, den diese Gesellschaften gehen wollten, waren damit zumindest nicht vorrangig von
der kurzfristigen Entwicklung des jeweiligen Aktienkurses und
einer entsprechenden Fluktuation des Aktienbesitzes, sondern davon abhängig, ob die Hauptaktionäre bereit waren, solche Entscheidungen mitzutragen – sprich: im Interesse einer langfristigen Sicherung des Unternehmens notfalls auch eine Schmälerung augenblick-
lich erzielbarer Gewinne hinzunehmen.

Dieses als »Deutschland-AG« bekannt gewordene System ist seit
Anfang der 1990er-Jahre unter dem Druck der von den USA ausge-
henden Entwicklung nahezu schlagartig in Verruf geraten – mit der
Folge, dass von nun an nicht mehr langfristig angelegte Strategien
das Verhalten der Unternehmensleitungen bestimmen konnten, sondern mehr oder minder alle wesentlichen Entscheidungen nur noch
von der Entwicklung des aktuellen Aktienkurses abhängig waren.
Hinzu kam, dass sich der Wandel hin zur Bedeutung von kurzfristigen Gewinnen in erfreulicher Weise auch auf dem persönlichen
Bankkonto der Verantwortlichen selbst niederschlug. Anstelle von
Rücksicht auf das langfristige Wohl der ihnen anvertrauten Unternehmen regierten fortan auch bei uns nackte materielle Interessen –
um nicht zu sagen: schierer Eigennutz – die Welt der unternehmerischen Wirtschaft.

Nicht zuletzt erinnere ich an diese Entwicklung deshalb, weil sie in
vergleichbarer Weise das politische Verhalten so vieler unserer europäischen Zeitgenossen kennzeichnet.

Allzu leicht lassen sie sich einreden, dass eine weitere Vertiefung
der europäischen Vereinigung in Richtung auf ein gemeinsames

Staatswesen zwangsläufig mit dem Verlust ihrer traditionellen Eigenheiten und Gewohnheiten verbunden sein müsse und daher ihren eigenen Interessen zuwiderlaufen würde. Besonders wird in dieser Richtung immer wieder vor dem vermeintlichen Verlust der jeweiligen nationalen Identität gewarnt – wobei hierzulande die einschlägigen Protagonisten dann gern von der sogenannten deutschen Leitkultur schwafeln.

Ich weiß lediglich, dass Shakespeare und Molière, Dante und Goethe, Einstein und Newton, Kopernikus und Galilei, Picasso und Goya, Michelangelo und Rembrandt, Kant und Hobbes ein Erbe hinterlassen haben, das allen Europäerinnen und Europäern – wenn nicht der ganzen Welt – gemeinsam gehört. Zugleich hat mir noch niemand erklären können, was für eine »Leitkultur« angeblich die Sachsen mit den Hessen, die Badener mit den Schwaben, die Hanseaten mit den Bayern kulturell so unverwechselbar miteinander verbinden soll: doch nicht etwa so ähnlich wie die Sizilianer mit den Lombarden, die Katalanen mit den Andalusiern, die Vorarlberger mit den Kärntnern oder die Flamen mit den Wallonen?

Gewiss bin ich ein »uralter weißer Mann«, dessen Neigungen (oder Vorurteile?) längst überholt sein mögen. Vielleicht erklärt das, warum ich vermute (und befürchte), dass eine überwiegende Mehrheit der jüngeren Generationen sich eher durch den täglichen und intensiven Umgang mit Instagram und Netflix, mit WhatsApp, Facebook und Twitter auszeichnet, als sich laufend um das genannte kulturelle Welterbe oder um spezifisch deutsche Errungenschaften zu kümmern, die sie gegenüber ihren in den gleichen digitalen Netzwerken umherschweifenden Zeitgenossinnen und Zeitgenossen aus den anderssprachigen Teilen der Erde hervorheben könnten.

Apropos Sprache: Wer wollte, wer könnte abstreiten, dass es sich – Englisch als Weltsprache hin oder her – bei deren jeweiligen Sprachen tatsächlich um ein Merkmal handelt, das die Angehörigen der europäischen Länder unverwechselbar charakterisiert und damit jeweils unterscheidet? Ungleich wichtiger als der ebenso rückwärtsgewandte wie unfruchtbare Streit um jene – allenfalls noch in den »Meistersingern« herbeigeträumte – deutsche Leitkultur scheint es mir folglich, dass wir uns auch weiterhin dringend mit den vielfältigen Problemen befassen sollten, die sich hinter dem Begriff Integration verbergen.

Wo immer wir auch leben und woher wir auch stammen: Als Ergebnis einer jahrhundertelangen Geschichte sind wir zweifellos zumindest in aller Regel geprägt durch die Sprache, mit der wir aufgewachsen sind und in der sich die Menschen um uns herum verständigen. Als Folge verfestigt sich gänzlich unbewusst nicht selten bei vielen von uns die Vorstellung, in einem spezifisch deutschen Kulturkreis zu leben, der sich grundlegend von demjenigen in anderen europäischen Ländern, ganz zu schweigen von der ach so finsteren islamischen Welt oder gar von der afrikanischen Wildnis, unterscheidet.

Ich halte dagegen, dass es eine derartig gefühlte Zugehörigkeit zwar oberflächlich gesehen durchaus geben mag, dabei jedoch regelmäßig übersehen wird, wie wenig gefestigt und wie missbräuchlich verwendbar derartige Grenzziehungen sind – und sich folglich in keiner Weise dazu eignen, daraus unüberwindliche Hindernisse für eine gemeinsame europäische Zukunft herzuleiten.

Auch für die Flüchtlinge aus dem Osten, die nach dem Ende des Zweiten Weltkriegs in weite Teile Westdeutschlands und Berlins kamen, ging es um nichts anderes als eben um Integration – will sagen darum, dass die eingesessenen gemeinsam mit den neu zugewanderten Bürgerinnen und Bürgern erlernen mussten, als Menschen mit unterschiedlichem Herkommen trotzdem friedlich und zum gegenseitigen Vorteil miteinander zu leben. Schon damals bedeutete dies eine gesellschaftliche Herausforderung, die nahtlos derjenigen ähnelte, als nahezu 20 Jahre später Millionen von Menschen aus dem Balkan und aus der Türkei und später noch aus Russland als »Gastarbeiter« zu uns kamen und deren Kinder und Kindeskinder seitdem hier aufwachsen – ganz zu schweigen von der Herausforderung, vor der wir stehen, seit 2015 unsere Grenzen offen standen und inzwischen weit mehr als eine Million Flüchtlinge dauerhaft hier mit uns zusammenleben: Es geht genau um jene Aufgabe, die man eben gemeinhin als Integration bezeichnet.

Allemal ist damit mehr verbunden als nur das ernsthafte Bemühen, den Menschen, die aus fremden Welten herstammen, nur ihre nackten Lebensmöglichkeiten zu sichern. Vielmehr geht es darum, ihnen als gleichberechtigten Menschen Zugang zu einem selbstbestimmten Leben – und das heißt vor allem zu Bildung! – zu eröffnen.

Doch damit nicht genug: Es geht um das sich gegenseitig befruchtende Zusammentreffen von unterschiedlichen Kulturen unter einem gemeinsamen Dach. Eben dieses ist durch die Werteordnung der Europäischen Union ebenso wie im Grundgesetz der Bundesrepublik Deutschland festgeschrieben – und muss keineswegs dazu führen, sich als schwächende Belastung für unsere traditionelle Gesellschaftsordnung auszuwirken, sondern kann sich im Gegenteil als nachhaltige Stärkung erweisen.

Genau diese Überzeugung von der grundlegenden gesellschaftspolitischen Bedeutung einer gelingenden Integration war es, die meine Frau und mich 1995 veranlasst hat, eine Stiftung ins Leben zu rufen, die sich über unsere Lebensspanne hinaus der Förderung von Völkerverständigung und Integration einsetzen soll.

In dem gleichen Zusammenhang steht Europa auch noch vor einem anderen Problem. Es führt weit über die epochale politische Herausforderung hinaus, im Zeitalter der Globalisierung politisch und wirtschaftlich mithalten zu können: zu der Frage, ob die Bürgerinnen und Bürger in nahezu allen Mitgliedsländern der EU womöglich inzwischen auf dem Weg sein könnten, jedwedes Gemeinschaftsgefühl – sprich: die Bereitschaft, Verantwortung für andere zu übernehmen und dafür notfalls Opfer zu bringen – zu ersetzen durch eine grenzenlose und ungebremste Individualisierung aller ihrer Interessen. Grob gesagt: Könnte es womöglich sein, dass für eine große Mehrheit unserer Mitbürgerinnen und Mitbürger der ungezügelte Einsatz der eigenen Ellenbogen Vorrang hat, sodass wir nicht mehr die Kraft finden, uns zu einer handlungsfähigen Gemeinsamkeit zusammenzufinden?

Gewiss will ich in keiner Weise die vielen Beispiele übersehen, die – nicht zuletzt durch den Beschluss der EU, die Impfstoffe für die Corona-Pandemie in gemeinsamer Verantwortung zu kaufen und auf die Mitgliedsländer zu verteilen – eher das Gegenteil zu belegen scheinen. Das immer wieder beeindruckende Aufkommen von Spenden in Katastrophenfällen, die großartige persönliche Hilfsbereitschaft für Flüchtlinge, der selbstlose Einsatz der Pflegekräfte in Krankenhäusern und Heimen oder der Erzieherinnen und Erziehern, die unbesoldete Arbeit in Vereinen und Institutionen, die Bemühungen in Richtung Umweltschutz zählen in vorderster Linie dazu. Und ich weiß, diese Aufzählung ließe sich unschwer fortsetzen. Freilich könnte sie leicht zu der Schlussfolgerung verführen, dass in Wirklichkeit die Bereitschaft zu selbstlosem Einsatz für das Gemeinwesen weit überwiegt. Hingegen befürchte ich, dass sich der Wandel hin zur Dominanz der brutalen persönlichen Eigeninteressen bereits allzu tief in die europäische und nicht zuletzt auch in die deutsche Gesellschaft eingefressen haben könnte.

Apropos Verkehrsregeln: Wer hält sich schon daran, wenn keine erkennbare Gefahr besteht, dass der Verstoß registriert und bestraft wird? Überholverbote? Rote Ampeln? Parkverbote? Oder das Verhalten im täglichen Umgang miteinander: Wer hält schon Nachkommenden die Tür auf, anstatt sie vor ihren Augen ins Schloss fallen zu lassen? Schlange stehen ohne Vordrängeln? Behinderten den eigenen Platz anbieten? Das rücksichtslose Wegwerfen von Pappbechern und sonstigen Verpackungen im Wald wie an allen öffentlichen Orten? Oder ganz generell die Entsorgung von Abfall? Es mag naheliegen, derartige Anmerkungen und Beobachtungen als allenfalls liebenswertes oder auch anrührendes Wehklagen eines Autors abzutun, der seine geliebten »alten Zeiten« nicht vergessen und die neuen Zeiten nicht mehr verstehen kann. Mag sein. Ich beharre dennoch darauf, sie ernst zu nehmen und daher ein wenig über die damit verbundenen Zusammenhänge nachzudenken.

So erinnere ich mich noch sehr deutlich daran, wie schnell die Aufmerksamkeit und die ihr zugrunde liegende Wertschätzung für Vermögen und Reichtum im Verlauf der 1980er-Jahre einem mehr als nur bemerkenswerten Wandel unterlagen. Zwar gab es auch schon zuvor unzählige sogenannte Millionäre, die mehr oder weniger bekannt waren und entsprechend beneidet wurden. Doch mit einem Mal setzte eine Entwicklung ein, die bis heute anhält: Die in der zurückliegenden Zeit zumeist nur eng begrenzte Ansammlung von Sach- und Geldvermögen weitete sich plötzlich spürbar aus und fing an, sich zum ersten Mal nach dem Ende des Kriegs in opulenten Hinterlassenschaften niederzuschlagen.

Langsam wuchs auf diese Weise in weiten Teilen des sogenannten Westens die Zahl von Mitbürgerinnen und Mitbürgern, die über einen beträchtlichen Wohlstand verfügten, ohne zuvor am eigenen Leib erfahren zu haben, was harte Arbeit und Entbehrung bedeuten. An die Stelle des zuvor gewohnten Sparbuches trat der Siegeszug von geldwertem Vermögen, gefördert durch eine weltweite Schwemme von Bargeld, die sich in einem – allenfalls durch kurzzeitige Schwankungen unterbrochenen – Anstieg der Börsenkurse und damit des eigenen Vermögens auswirkte.

Begleitet vom zunehmend erkennbaren Niedergang des sowjetischen Reichs griff diese Entwicklung von den USA als dem Sieger des Kalten Kriegs immer stärker auch auf die Bundesrepublik ebenso wie auf die meisten Mitgliedsländer der EU über. Zugleich strahlte von Gottes eigenem Land ein schier grenzenloses Vertrauen in die Überlegenheit des kapitalistischen Wirtschaftssystems über die ganze Welt aus. Der berühmte französische Wahlspruch aus der Mitte des 19. Jahrhunderts, *Enrichissez-vous*, wurde, ausgesprochen oder unausgesprochen, zum Leitmotiv einer Generation jüngerer Menschen, die überall in der Wirtschaft Schritt für Schritt in Führungspositionen vorrückten. Dass jeder ohne Einschränkung seines eigenen Glückes Schmied sei, wurde, getragen von den Lehren der sogenannten Chicago School, zu einer Wahrheit, die vermeintlich geschichtlich erwiesen und folglich nicht mehr zu hinterfragen war.

Auf dem Hintergrund ihrer eigenen Geschichte und der darauf gründenden Tradition war das für die USA in der Tat auch keine grundlegend neue Einstellung. Bereits die ersten Siedler, die aus Europa auf den nordamerikanischen Kontinent auswanderten, wussten von Anfang an sehr genau, dass sie nicht auf fremde Hilfe und Unterstützung bauen konnten, sondern einzig und allein auf sich selbst gestellt waren.

Nach der Unabhängigkeitserklärung von 1776 und den erfolgreich bestandenen Befreiungskriegen wurde diese Einstellung zum Grundverständnis der jungen Gesellschaft. Zusammen mit der religiös begründeten Verpflichtung der vom lieben Gott mit Reichtum und Wohlstand gesegneten Menschen, spätestens anlässlich ihres eigenen Todes durch Wohltätigkeit Wiedergutmachung zu leisten, wurde sie von niemandem ernsthaft infrage gestellt. Kaum überraschend schlug sie sich zudem bald darauf in dem allseits als selbstverständlich angesehenen Recht nieder, der eingeborenen indianischen Bevölkerung – den »Wilden« – ihren angestammten Besitz gewaltsam wegzunehmen.

Abgesehen von gelegentlich aus Europa herübergekommenen Träumen, die gern als sozialistisch abgestempelt wurden und in den USA nie Wurzeln geschlagen haben, ist das bis heute so geblieben. Kurioserweise hat diese Einstellung ihren prägnantesten und wohl bewusst drastisch gemeinten Niederschlag in dem nachgerade denkwürdigen Ausspruch gefunden, der einer berühmten europäischen Politikerin nachgesagt wird, der legendären britischen Premierministerin Margaret Thatcher: »Society? There is no such thing as society!«

Die bis dahin in nahezu ganz Europa heimisch gewesenen sozialpolitischen Traditionen laufen allerdings dieser Einstellung diame-
tral entgegen. Das beruht auf einer Fülle von teilweise recht unterschiedlichen Ursachen. Mitentscheidend war jedenfalls, dass in der
Folge der etwa um die Mitte des 19. Jahrhunderts vor allem in den
westlichen, etwas später auch in der Mehrzahl der anderen europäischen Länder einsetzenden industriellen Revolution allenthalben
Arbeiterbewegungen entstanden. Ausnahmslos gelang es diesen,
Schritt um Schritt das Gewinnstreben der kapitalistischen Arbeitge-
ber einzugrenzen, indem sie Lohnvereinbarungen und Schutzbe-
stimmungen zugunsten der arbeitenden Bevölkerung erzwangen.

In den USA hingegen spielte sich allenfalls anfänglich eine vergleichbare Entwicklung ab – doch im Unterschied zu Europa haben
die Erfolge der dortigen Gewerkschaften nie auch nur im Entferntesten dazu geführt, dass der grundlegende gesellschaftliche Konsens
angezweifelt wurde, wonach das Erwerbsstreben des Einzelnen jederzeit Vorrang vor der Rücksichtnahme auf die Gemeinschaft zu
haben hat.

Viele unserer hochgelehrten Ökonomen, die ihre Eitelkeit durch
regelmäßige Auftritte in Talkshows zu befriedigen pflegen, berufen
sich insofern gern auf den legendären Adam Smith. Angeblich, so
behaupten sie, habe dieser bereits im 18. Jahrhundert nachgewiesen,
dass eine freie, nicht durch unnötige staatliche Reglementierungen
eingeengte Marktwirtschaft letzten Endes allen Bevölkerungsschich-
ten – einschließlich der lohnabhängigen Arbeiterschaft – zugute-
komme. Nicht allzu lange darauf sagte dann allerdings Karl Marx
vorher, dass die industrielle und bürgerliche Gesellschaft zum
Schluss genau daran zugrunde gehen werde.

Jedenfalls setzte sich die genannte, übrigens höchst fragwürdige
Interpretation von Adam Smith in Europa lange Zeit zumindest
nicht vorbehaltlos durch – so lange, bis eben, beginnend mit den
80er-Jahren des 20. Jahrhunderts und vor allem seit dem Zusammenbruch der Sowjetunion, der Siegeszug der wahlweise Raubtier-

oder Kasinokapitalismus genannten Dogmen aus den USA nach Europa übergriff und begann, den Verstand vieler Unternehmer und Kommentatoren zu vernebeln. Am Ende wurde die in Artikel 14 unseres Grundgesetzes geschriebene Verpflichtung des Eigentums auf das Gemeinwohl allenfalls noch in Sonntagsreden zitiert – was in weiten Teilen der veröffentlichten Meinung dazu führte, sie allenfalls noch im Sinne einer ebenso liebenswerten wie antiquierten Einstellung auszulegen.

Ich will hier nicht mit einer Wiederholung sozialpolitischer Statistiken langweilen. Sie sind hinlänglich bekannt. Umso dringlicher erscheint es mir freilich, sich vor Augen zu halten, was es für den künftigen Zusammenhalt der Gesellschaft bedeuten mag, dass sich das Vermögen der »oberen Zehntausend« hierzulande in wenigen Jahrzehnten vervielfacht hat – während eine gute Hälfte der Bevölkerung künftig um ihre wenigstens einigermaßen auskömmliche Altersversorgung zittern muss.

Die Trägheit unserer Gesellschaft, der es so schwerfällt, sich rechtzeitig auf den im Gang befindlichen fundamentalen Wandel aller überkommenen Gewohnheiten einzustellen, und der Siegeszug einer rücksichtslosen Ellenbogengesellschaft: Hängt damit womöglich auch der überall in Europa so weitverbreitete Reflex zusammen, sogleich in Panik zu verfallen, sobald am Horizont auch nur zarteste Ansätze auftauchen, die auf eine Vertiefung der Union in Richtung auf ein eigenständiges Staatswesen hinauslaufen könnten? Und wäre es da nicht dringend an der Zeit, sich von Neuem auf zwei Wertvorstellungen zu besinnen, die offensichtlich Gefahr laufen, im Sturm der Zeit in Vergessenheit zu geraten: Anstand und Verantwortungsbewusstsein?

Die meisten von uns würden wahrscheinlich empört reagieren, wollte man ihnen unterstellen, dass diese beiden ethischen Kriterien für sie kaum von realem Belang bei ihrem Verhalten und ihren Entscheidungen im täglichen Leben sein dürften. Andererseits erwecken manche unserer Zeitgenossinnen und Zeitgenossen nicht selten den Eindruck, unter einem schweren Autismus zu leiden, sprich: dem Verlust der Fähigkeit, ihre Empfindungen, Träume und Hoffnungen gegenüber ihren Mitmenschen zu kommunizieren.

Und ich will nicht die Sorge verschweigen, dass die mit nahezu furchterregendem Tempo zunehmende Sammlung und Verwendung von Daten im Rahmen der Digitalisierung uns irgendwann dazu verführen könnten, auch noch den Rest solcher menschlichen Eigenheiten und »Schwächen« in die Oberhoheit der Computer zu übertragen.

Doch wird sich eine Mehrheit von uns wirklich widerspruchslos dem Diktat der Technikgläubigkeit ausliefern wollen – beispielsweise, indem sie vor Begeisterung über die Weltraumträume von Jeff Bezos oder Elon Musk den Rest ihres Verstandes aufs Spiel setzen? Oder entsteht nicht gerade daraus zumindest in vielen jüngeren Menschen das Bedürfnis, sich den nüchternen Realitäten des Lebens zu stellen und damit zugleich der Gefahr ihrer inneren Vereinsamung zu entfliehen, indem sie darauf bestehen, dass ein Leben ohne Anstandsgefühl und Verantwortungsbewusstsein nicht lebenswert ist?

Jede und jeder, die oder der sich die Schuhsohlen im politischen Betrieb abgelaufen hat, wird an dieser Stelle umgehend einwenden, dass bei Wahlen das Verhalten der jüngeren Wahlberechtigten kaum ins Gewicht fällt. Doch Vorsicht: Auch insofern könnte es überraschende Ergebnisse zeitigen, sollte sich irgendjemand dazu aufraffen, einen Aufbruch zu neuen Ufern weniger von den Älteren unter uns – die kaum mehr hinter ihren eingeübten Gewohnheiten hervorzulocken sind – zu erwarten, als dafür entschlossen auf die jüngere Generation zu setzen.

Voraussetzung für das Gelingen einer solchen Überraschung wäre allerdings, dass jener politische Mut zu neuem Leben erwacht, der in den Jugendjahren der Bundesrepublik nicht selten anzutreffen war: glaubhaft auch unangenehme Wahrheiten auszusprechen, anstatt sich mit dem Politgeschwätz der damals oder heute gängigen Medien zu begnügen.

Immerhin gibt es Anzeichen dafür, dass unsere demokratischen Parteien zumindest an erste Schritte in dieser Richtung denken. Themen, die es verlohnen könnten, gäbe es wahrlich zur Genüge und auf nahezu allen Gebieten der großen Politik – bis hin eben zur Zukunft der Europäischen Union.

So warnt etwa Marcel Fratzscher, Chef des renommierten Deutschen Instituts für Wirtschaftsforschung, seit Jahren, dass in kaum einem anderen Industrieland so viel Ungleichheit herrsche wie in Deutschland. Dabei bezieht er sich auf die Chancen des Einzelnen, zu Wohlstand und Vermögen zu gelangen, und zum anderen auf die bereits erwähnte reale Verteilung von Vermögen und Einkommen unter den verschiedenen Bevölkerungsgruppen. Er schließt daraus, dass wir unsere führende Position im weltweiten Wettbewerb verlieren werden, wenn es nicht gelingt, das zu schaffen, was er als höhere Chancengleichheit bezeichnet.

In ähnliche Richtung machen andere Beobachter darauf aufmerksam, dass der Traum vom sozialen Aufstieg, der die Nachkriegsperiode wesentlich mitgeprägt habe, nicht nur endgültig vorüber, sondern inzwischen durch eine verbreitete Furcht vor dem eigenen Absturz ersetzt sei. Und trotz seines teilweisen Rückzugs, zu dem ihn die hartnäckigen Proteste der Gilets jaunes gezwungen haben, verfolgen derweil nicht wenige unter uns mit eher ungläubigem Staunen, wie zäh und beharrlich Emmanuel Macron – trotz der für seine politische Zukunft unheilverkündenden Meinungsumfragen für die bevorstehenden Wahlen – bei dem Versuch geblieben ist, die durch so zahlreiche traditionelle Fesseln bedingte Erstarrung seines Landes aufzubrechen.

Dabei will ich beileibe nicht leugnen, dass hierzulande immerhin auch schon manches nicht Unwichtige vorangebracht worden ist. Zusammen mit der weltpolitischen Entwicklung steht uns aber trotzdem noch eine solche Fülle von wirtschafts-, klima- und, ganz allgemein, gesellschaftspolitischen Herausforderungen ins Haus, dass wir ihnen bei bestem Willen nicht mehr entgehen können, indem wir es uns unter der heimischen Bettdecke bequem machen.

Zwei Themen stehen dabei im Vordergrund. Ich will – und kann! – sie hier nur stichwortartig erwähnen, zumal ich weit davon entfernt bin, davon auch nur annähernd so viel zu verstehen wie die Mehrzahl derer, die einen Blick in dieses Buch werfen mögen: der globale Klimaschutz und die gerade angesprochene digitale Revolution.

Die Sage der alten Griechen hat uns einst davon erzählt, wie hart Prometheus dafür bestraft wurde, dass er dem Göttervater Zeus das Feuer gestohlen und es an die Menschen weiterverschenkt hat. Generation um Generation waren wir seitdem ohne Unterlass bemüht, uns immer neuen »Fortschritt« einfallen zu lassen. Ausnahmslos sollte dieser dazu dienen, uns vor den Unbilden der Natur ebenso wie vor unseren menschlichen Feinden zu schützen und uns zugleich das Leben auf dieser Erde zu erleichtern. Vorangetrieben wurde er regelmäßig durch Einfälle des rationalen Verstandes, verbunden mit unserer laufend fortschreitenden, als Technik bezeichneten Fähigkeit, diese Erfolge in die Realität des täglichen Lebens umzusetzen.

Immerhin hat es auf diese Weise bis zur Erfindung der Atomspaltung gedauert, ehe wir uns – sinnbildlich verkörpert durch die Figur des »Dr. Seltsam« in dem Film von Stanley Kubrick – gerade noch rechtzeitig an das Schicksal erinnert haben, das Prometheus als Strafe für seine Untat zuteilgeworden ist.

Dieser Warnschuss hat freilich in keiner Weise dazu geführt, uns für mehr als einen kurzen Atemzug vom Glauben an die Allmacht und zugleich an die Verlässlichkeit unserer technischen Intelligenz zu heilen. Das ist auch weder der Digitalisierung noch der untrennbar mit ihr verbundenen Erfindung des Internets gelungen. Ganz im Gegenteil: Spätestens seit 2017 ein Computer namens AlphaZero auf der Grundlage selbstlernender Algorithmen den besten Schachspieler der Welt besiegte, ist für die Gläubigen in aller Welt endgültig erwiesen, dass nun eine grundlegend neue Zeit angebrochen ist.

Für sie ist dies die Zeit, in der nun endlich die angeborene Fehlbarkeit des menschlichen Denkens und Fühlens ersetzt wird durch die Überlegenheit technischer Rationalität. Das Zeitalter von KI, der künstlichen Intelligenz, ist angebrochen!

In der Tat: Wozu noch abwägen zwischen Gut und Böse, wozu solche vagen, mit den Mitteln des rechenhaften Verstandes unvereinbaren Kriterien wie Moral und Ethik, wozu die irrationale Sorge um soziale Ungerechtigkeit, wozu die Befürchtungen um die Zukunft von Freiheit und Demokratie – über die Jahrhunderte hinweg ist doch ohnehin erwiesen, dass alle diese Verirrungen zum Schluss nur unsägliches Leid über die Menschheit gebracht haben. Endlich, endlich steht uns jetzt eine Zukunft bevor, die nur ein einziges Gesetz kennt: die Herrschaft einer von menschlichem Irren befreiten Intelligenz, die Herrschaft eines künftighin unfehlbaren Verstandes, die Herrschaft der reinen, durch nichts mehr verfälschbaren Ratio – die sich allesamt auf die Sammlung unbestechlicher Fakten, genannt Big Data, verlassen können.

Doch sind das alles am Ende nicht sogar nur zweitrangige Fragen im Vergleich mit jenem eigentlichen Kernproblem, welches uns ins Haus steht und droht, das Leben der kommenden Generationen zu gefährden: dem Klimawandel?

Zwar soll es Wissenschaftler geben, die es – wenn auch nur schüchtern und leise – wagen, darauf aufmerksam zu machen, dass die Erde seit ihrem Bestehen bereits mehr als nur einmal Perioden erlebt hat, in denen sie entweder in eisiger Kälte erstarrt oder umgekehrt von brütender Hitze überzogen war. Hie und da sollen sie gar versuchen, daran zu erinnern, dass die augenblickliche Erwärmung, die uns zu Recht umtreibt und zu der wir Heutigen so unverantwortlich beitragen, bereits vor vielen Tausenden von Jahren und lange vor dem Auftauchen der ersten menschlichen Lebewesen eingesetzt habe.

Unbeschadet von derartigen Studierstubenweisheiten sind hingegen die jungen Damen und Herren von *Fridays for Future* zusammen mit ihren unzähligen Bewunderern in aller Welt tief davon überzeugt, dass ihr Lebensschicksal ein für alle Mal besiegelt ist, wenn nicht sofort und radikal in ihrem Sinne gehandelt wird. Was zählen da schon solche selbstsüchtigen Hinweise auf die zu erwartenden Folgen für die gesamte Gesellschaft – wie etwa deren Beschäftigung und Wohlstand – oder gar auf die höchst unangenehme Tatsache, dass eine der Ursachen für die zunehmende Klimabelastung nicht zuletzt auch darin zu suchen sein dürfte, dass die Zahl der Menschen, die unsere Erde bevölkern, demnächst auf bald zehn Milliarden angewachsen sein wird?

How dare you! Hat Greta Thunberg womöglich – wenn auch nur in einem ganz anderen Sinn, als ihr das bewusst gewesen sein kann – recht mit jener Mahnung, die sie allen denjenigen mit verächtlicher Miene ins Gesicht geworfen hat, die es bevorzugen, das Für und Wider denkbarer Maßnahmen zunächst bedachtsam abzuwägen? Geht es womöglich gar um genau den Rat, den Rainer Maria Rilke vor dem antiken Apollotorso so empathisch empfunden hat: »Du musst dein Leben ändern«?

Oder könnte es nicht doch noch einen dritten Weg geben, einen Weg, der mit wenigstens etwas geringeren Risiken für die Zukunft der Menschheit belastet ist als ein solches Entweder-oder: den mühsamen Weg abwägender Vernunft?

Nicht zuletzt in einem demokratisch gegründeten Gemeinwesen kann ein solcher Weg auch in einem existenzgefährdenden Wirrwarr gegensätzlicher Meinungen enden. Das hängt unvermeidlich damit zusammen, dass es bisher noch niemandem gegeben war, die Zukunft auf alle Zeiten verlässlich vorherzusehen – und dies wohl auch den mit jener künstlichen Intelligenz gesegneten Computern nicht so bald gelingen wird.

Gewiss bin ich nicht so verblendet, aus meinen persönlichen Erfahrungen auf weit darüber hinausgreifende gesamtpolitische Zusammenhänge schließen zu wollen. Wiewohl ich – Gott sei Dank! – im Unterschied zu manchen meiner früheren oder jetzigen Kolleginnen und Kollegen kein »Benzin im Blut« habe, bin ich bis heute ein altes Schlachtross geblieben, dem das Gedeihen der Automobilindustrie von Kindheit an am Herzen liegt. Nicht zuletzt zählt das Wissen dazu, welche gewaltigen Wandlungen sie von ihrer Geburt am Ende des 19. Jahrhunderts bis heute durchgemacht hat – und die Ahnung, was ihr in Zukunft bevorstehen könnte.

Denke ich an meine immerhin mehr als 40 Jahre andauernde Zeit bei dem damals noch Daimler-Benz genannten Unternehmen zurück, kommen mir daher auch manche Geschehnisse aus meinen ersten dortigen Jahren in den Sinn.

Ausgelöst durch den Club of Rome, wurden damals zum ersten Mal Befürchtungen laut, dass das weltweite industrielle Wachstum eines Tages an die Grenzen der natürlichen Ressourcen stoßen werde. Die Erkenntnis, dass davon auch das Klima der Erde betroffen sein könnte, hatte sich allerdings noch nicht überall herumgesprochen. Umso skurriler mag es heute erscheinen, dass bei uns schon Ende der 1960er-Jahre, kurz vor dem Erscheinen von »Die Grenzen des Wachstums« von Dennis Meadows (1972), noch ein anderes, womöglich eher kurios erscheinendes Problem zur Debatte stand, das – wiewohl zweifellos längst in den Annalen der Unternehmensgeschichte verschwunden – inzwischen unter gänzlich neuen Vorzeichen zu neuer Aktualität gelangt ist.

Übereinstimmend befürchtete man damals sowohl in den Vorständen von Daimler-Benz als auch von Volkswagen, dass ein Durchbruch des Elektroantriebs für Straßenfahrzeuge aller Art nah bevorstünde. Dem wollte man begegnen, indem man sich gemeinsam auf die Entwicklung und Fertigung von Elektromotoren und der dafür benötigten Energiequellen – sprich: Batterien – vorbereitete. Für ein zu diesem Zweck vereinbartes gemeinsames Projekt wurde – unter dem Namen Deutsche Automobil GmbH (!) – sogleich eine Firma ins Leben gerufen, die sich freilich in den Folgejahren, als die befürchtete Entwicklung ausgeblieben war, unter den dann nur noch alleinigen Fittichen von Daimler-Benz auf eine eher lustlose Weiterentwicklung der Batterietechnik beschränkte.

Tempi passati: längst vergangene Zeiten! Als Nachweis für die vorausschauende Begabung des seinerzeit amtierenden Vorstands sollte auch diese Initiative samt den in der Zwischenarbeit erarbeiteten Erfahrungen gegen Ende der 1990er-Jahre endgültig im Mülleimer landen. Nicht anders erging es der damals schon seit Längerem im Rahmen des »integrierten Technologiekonzerns« intensiv betriebenen Entwicklung von Brennstoffzellen auf Grundlage von Wasserstoff: Beides versprach nun einmal keinen Ernteertrag im Sinne eines kurzfristigen Shareholder-Value!

Diese lange zurückliegende Vergangenheit erinnert immerhin daran, dass der Beginn des Wandels aller überkommenen wirtschaftlichen Strukturen, dessen Zeuginnen und Zeugen wir sind, schon weit länger als gedacht zurückliegt. Dass der Umbruch mit gesellschaftspolitischen Folgen einhergeht, die damals noch niemand vorhersehen konnte, steht allerdings auf einem anderen Blatt ...

Deutlich genug zeigt diese Erfahrung, wie schwer es manchmal fallen kann, rechtzeitig die richtigen Weichen für die Zukunft zu stellen. Für demokratische Staatswesen folgt daraus, dass grundlegende, ja existenzielle Zukunftsentscheidungen eine offene, sorgfältige und kontroverse Abwägung des jeweiligen Für und Wider voraussetzen. Unausweichlich ist dies dann allerdings regelmäßig mit der umgekehrten Gefahr verbunden, die richtige Gelegenheit allzu zögerlich zu verpassen.

Genau hier aber liegt auch der Hase im Pfeffer, wo es um die Zukunft Europas und seiner gemeinsamen Wertvorstellungen geht.

Vom Preis der Freiheit

Als wir bei Daimler-Benz vor 30 Jahren mit den ersten Schritten begannen, uns auf die erwartete Entwicklung der Automobilindustrie vorzubereiten, ist uns sehr bald klar geworden, dass wir in Wirklichkeit nur ein Beispiel von vielen waren. Das grundsätzliche Problem, das uns vor Augen stand, beschränkte und beschränkt sich keineswegs nur auf unsere Branche, sondern trifft ausnahmslos alle Bereiche der industriellen Warenerzeugung.

Welche Folgen wird es für unser freiheitlich-demokratisches Gesellschaftssystem haben, wenn die Träume der Digitalbegeisterten in aller Welt auch nur zum Teil wahr werden? Wenn weite Bereiche der bisher üblichen Warenerzeugung durch moderne Formen der Datenverarbeitung abgelöst werden? Was geschieht, wenn die Zukunft einer großen Zahl von Unternehmungen, die bisher entscheidend zum Wohlstand beitragen, auf dem Spiel stehen sollte? Kann es ernsthaft gelingen, unzählige Menschen, die bisher auf einen sicheren Arbeitsplatz und ein sicheres Einkommen zählen konnten, in ihrem fortgeschrittenen Alter auf grundlegend neue Berufe umzuschulen?

Sind in der Folge Gewerkschaften wie die IG Metall dem Untergang geweiht, weil es – zumindest in nennenswertem Ausmaß – künftig keine gemeinsamen Interessen und die darauf beruhende Solidarität einer industriellen Arbeiterschaft mehr geben könnte? Wird Ver.di je wieder einen auch nur entfernt vergleichbaren Zusammenhalt zwischen Berufen gewährleisten können, deren Ausbildung und Arbeitsweise sich massiv voneinander unterscheidet? Und noch ungleich wichtiger: In welcher Weise und zu welchem Ende wird sich eine solche Entwicklung auf das traditionelle Selbstverständnis und die Rolle der politischen Parteien – und daraufhin auf unser gesamtes demokratisches Staats- und Gesellschaftssystem – auswirken?

Seit dem Beginn der Industrialisierung, also seit der ersten Hälfte des 19. Jahrhunderts, hat sich die weit überwiegende Mehrzahl unserer Mitbürgerinnen und Mitbürger zunehmend von den technischen Errungenschaften faszinieren lassen, die durch diese Revolution ausgelöst und von ihr getragen worden waren. In der Folge ist die Welt zumindest für diejenigen, die das Glück hatten, in den begüterten Teilen der Erde leben zu dürfen, auf gutem Weg gewesen, zu einem jederzeit verlässlichen Uhrwerk zu werden. Zugleich haben wir uns an einen – weitgehend als ganz und gar selbstverständlich empfundenen – Maßstab für diesen sogenannten Fortschritt gewöhnt, der in der Welt der Wirtschaft nahezu unbestritten als allein entscheidendes Kriterium für Erfolg oder Misserfolg gilt: den geldwerten und damit unseren Wohlstand steigernden Profit.

Dahinter verbarg und verbirgt sich freilich ein grundlegendes Missverständnis, das die Geschichte der Menschheit von Anbeginn an begleitet und schon mehr als einmal katastrophale Folgen ausgelöst hat.

Für die klassischen Naturwissenschaften gilt – nicht anders als für die auf ihnen aufbauenden technischen Berufe – die Berechenbarkeit der Welt als Allgemeingut. Weite Bereiche der betriebs- und volkswirtschaftlichen Disziplinen haben sich dem angeschlossen. Allesamt sind sie geprägt durch die feste Überzeugung, dass sich die Probleme der Welt von selbst lösen, wenn die Menschheit nur unbeirrt weiter auf dem eingeschlagenen Weg rationaler, sprich: rechenbarer Vernunft voranschreitet.

Ein Großteil der sogenannten Geisteswissenschaften – von der Soziologie bis zur Philosophie – hält dies hingegen schon seit jeher für einen groben Irrglauben. Überzeugt davon, dass wir Menschen durch weit mehr – und äußerst komplexe – Antriebe gesteuert und bewegt werden als nur durch den reinen Verstand, laufen deren Zukunftsperspektiven freilich ihrerseits nicht selten auf eher spekulativ erscheinende und kaum nachvollziehbare Wunschträume hinaus.

Hinzu kommt der rapide voranschreitende Attraktivitätsverlust der christlichen Glaubensgemeinschaften (wobei wir den jüdischen Glauben – nicht anders als den Islam – in diesem spezifischen Zusammenhang getrost beiseitelassen können).

Im Ergebnis kann es kaum überraschen, dass sowohl die klassischen Naturwissenschaften als auch die Geisteswissenschaften ebenso wie die religiösen Glaubensgemeinschaften ratlos vor der Aufgabe stehen, im Sinne des Wortes belastbare Schlussfolgerungen für die weitere Entwicklung unseres gesellschaftspolitischen Umfelds bereitzustellen. Kann es da verwundern, wenn sich viele von uns innerlich zutiefst verunsichert, ja, verängstigt fühlen?

Nahezu täglich werden wir zudem durch gänzlich ungewohnte neue Ereignisse überrascht. Sie reichen von der Wahl eines unberechenbaren Immobilienspekulanten zum Präsidenten der USA (und dessen anschließende Eskapaden) über die Wirrnisse der Corona-Pandemie bis zu atomaren Abenteuern in Nordkorea, von Hungersnöten in korruptions- und klimageplagten afrikanischen Ländern bis hin zu unvorstellbar grausamen Terroranschlägen in unserem näheren Umfeld durch fanatische Anhänger eines grundlegend fehlinterpretierten Islams.

Von allen Seiten werden wir auf diese Weise immer von Neuem in die nüchterne Wirklichkeit des Tages mit dem Eindruck entlassen, wir stünden vor einem unentwirrbaren Knäuel von Fragezeichen, die niemand genau versteht, geschweige denn aufzudröseln vermag. Zurück bleibt offensichtlich bei nicht wenigen unserer Mitbürgerinnen und Mitbürger – wenn auch womöglich weitgehend eher nur unterschwellig – ein seltsames Gefühl: das Gefühl hilfloser Ausgesetztheit.

Um dieses Gefühl auf angenehme Weise erträglich zu machen, gibt es inzwischen eine ganze Fülle hochwirksamer Rezepte, die über die digitalen Netzwerke jederzeit und für jedermann verfügbar sind.

Facebook und Twitter, nicht anders als ihre unzähligen, wie Pilze aus dem Boden schießenden Nachahmer und Konkurrenten, leben längst – und wir mit ihnen – in einer postfaktischen Welt, will sagen: kommunizieren miteinander über Angaben und Daten, von denen zumindest auf den ersten Blick niemand genau sagen kann, ob sie auf realen Tatsachen beruhen oder frei erfunden sind.

Die Corona-Pandemie hat das dramatisch befördert. Kaum ein Wochenende ist vergangen, ohne dass riesige Demonstrationszüge von »Querdenkern« auf den Plätzen und Straßen des Landes die Existenz des Covid-19-Virus grundsätzlich bestritten oder zumindest lauthals ihr Misstrauen in die angeordneten Schutzmaßnahmen der verantwortlichen Behörden geäußert hätten, begleitet von Bekundungen über angebliche Fehlinformationen durch die öffentlichen Medien. Zuhauf fanden und finden Verschwörungstheorien aller Art gläubige Anhänger. Und schließlich gelang und gelingt es sogar den finstersten Figuren aus dem rechtsnationalistischen Umfeld immer wieder mit Erfolg, derartige Verirrungen für ihr Ziel zu missbrauchen, das gesamte demokratische und freiheitliche System unserer Republik in Zweifel zu ziehen.

Gewiss sollte man das Bemühen von so fabelhaften Organisationen wie Correctiv nicht gering schätzen, Vorgängen dieser Art durch sorgfältig recherchierte Fakten entgegenzuwirken. Zugleich ist allerdings unübersehbar, auf welche Widerstände selbst die zaghaftesten Versuche stoßen, die Absender wenigstens dazu zu zwingen, ihren wahren Namen offenzulegen, wenn sie die sozialen Medien wieder einmal mit ihren Ergüssen überfluten: Kaum auch nur zaghaft zur Diskussion gestellt, ist regelmäßig das bewährte Totschlagargument zur Stelle, es gehe um einen erneuten Anschlag auf die Meinungsfreiheit. Gewiss gibt es nicht wenige hoch respektable Zeitgenossinnen und Zeitgenossen, die dringend davon abraten, sich hinsichtlich der Auswirkungen von Globalisierung und Digitalisierung zu Hilflosigkeit und Kleinmut hinreißen zu lassen. Dazu zählt der viel zitierte Soziologe und Sozialpsychologe Harald Welzer, der besonders hartnäckig dafür plädiert, mit Nüchternheit und Mut offen über die grundlegende Problematik zu diskutieren, die zwangsläufig mit der ungezügelten Entwicklung vor allem der Digitalisierung für das gesamte Gesellschaftssystem verbunden sei (»Die Zeit«, Nr. 18/2017).

Natürlich kann es nicht verwundern, dass sich sogleich unzählige Autoren auf den Weg gemacht haben, ihm auf das Schärfste zu widersprechen. Doch könnte es nicht auf dem Hintergrund der allgemeinen weltpolitischen Entwicklung tatsächlich langsam Zeit werden, ernsthaft darüber nachzudenken, welchen Innovationen sich unsere Gesellschaft unbedacht öffnen und hingeben darf, wenn sie auch künftig ihre eigenen Wertmaßstäbe bewahren will?

Ich weiß, ich weiß: Prometheus ist schließlich hart genug dafür bestraft worden, dass er den Göttern das Feuer gestohlen hat. Die Welt ist trotzdem nicht daran zugrunde gegangen. Wohl mag es daher sein, dass diejenigen recht behalten, die fest von der segensreichen Innovationskraft des menschlichen Geschlechts und seiner Fähigkeit überzeugt sind, mit allen nur denkbaren Konsequenzen – und seien sie noch so gefährlich – fertigzuwerden.

Wenn ich heutzutage – auf der Straße, beim Einkaufen, auf dem Bahnhof, im Fitnessstudio oder sonst wo – den jungen Leuten zusehe, wie sie auf ihre Smartphones starren und mit beiden Daumen bewegte Bilder und Mitteilungen aller Art abrufen, kommt mir in diesem Zusammenhang hie und da sogar die Frage in den Sinn, ob Friedrich Engels seinerzeit nicht ganz falschgelegen haben mag, als er meinte, die Erfindung der (rational verstandenen und organisierten) Arbeit hätte Anteil gehabt an der »Menschwerdung der Affen«: Könnte sich die Menschheit womöglich in genau diesem Sinne längst auf den Weg gemacht haben, unter dem Einfluss von Digitalisierung und künstlicher Intelligenz auf ein grundlegend neues Kapitel ihrer Evolutionsgeschichte zuzusteuern?

Zukunftsbegeisterung und Selbstbewusstsein, Vertrauen in den Fortschritt und die eigene Kreativität, das kennzeichnet eben die einen, wenn sie über die Revolution der Digitalisierung und Globalisierung, über Quantencomputer und *deep fakes* nachdenken – zurückhaltende Skepsis, welche Folgen sich daraus für das Zusammenleben der Menschheit in einer weltweiten Gemeinschaft ergeben könnten, die Einstellung der anderen. Eine übergroße Mehrheit scheint es allerdings eher vorzuziehen, achselzuckend in den Tag hineinzuleben und ihre Zukunftsängste zu verdrängen.

Das kann auch weder verwundern, noch ist es neu. Im Gegenteil: Grundlegende Veränderungen sind über lange Zeiten der Geschichte hinweg der großen Mehrheit der Menschen immer erst dann bewusst geworden, wenn sie schon längst unumkehrbar festgeschrieben waren. In der traditionell westlich genannten Welt leben wir jedoch in einer Gesellschaftsordnung, die sich selbst infrage stellen würde, sollte sie je vergessen, dass solche grundlegenden Veränderungen wahrhaft katastrophale Folgen auslösen können, sollten sie nicht von einer ausreichend großen Mehrheit mitgetragen und zudem mit ethischen Grenzzäunen umgeben werden, die ihnen zudem sowohl rechtlich als auch politisch vorgegeben werden.

Das aber führt zurück zum Begriff der Verantwortung, konkret: der politischen Verantwortung.

Unbestreitbar zählte Angela Merkel über die gesamte Wegstrecke ihrer 16-jährigen Amtszeit hinweg zu den größten Meisterinnen und

Meistern in der Kunst des politischen Pragmatismus. Freilich standen und stehen ihr die Chefs einiger großer deutscher Industrieunternehmen kaum darin nach. Bis heute ist jedenfalls den meisten von ihnen gemeinsam, dass sie langfristige strategische Festlegungen meiden wie der Teufel das Weihwasser.

Stattdessen hat sich besonders in der Wirtschaft ein Mittel eingebürgert, das bestens geeignet scheint, in der Öffentlichkeit Zuversicht zu verbreiten. Es besteht darin zu verkünden, dass man selbstverständlich alles im Griff habe. Als Beleg wird sodann dem geneigten Publikum in strahlenden Farben geschildert, welche Großtaten es in zehn oder zwanzig Jahren zu erwarten habe. Kritische Geister nennen das schlicht Ankündigungspolitik.

In dieser Richtung kann es nur wenig überraschen, dass Politiker und Unternehmer neuerdings gern und bereitwillig zu sogenannten Strategiedialogen zusammenfinden. Ändern können sie allerdings damit kaum etwas daran, dass es weder einen Stein der Weisen noch eine Glaskugel gibt, die einen verlässlichen Blick in die Zukunft gewährleisten. Das gilt für die blinde Begeisterung von Technikfreaks, und es gilt genauso – der Verlauf der Corona-Pandemie hat es allen, die hören und sehen wollen, heilsam klargemacht – für jegliche andere Wissenschaftsdisziplinen.

Diese fundamentale Unsicherheit über die längerfristige politische, wirtschaftliche und wissenschaftliche Entwicklung, die durch nichts aus der Welt zu schaffen ist, zwingt zweifellos im Ergebnis zu einer Schlussfolgerung, die alles andere als zuversichtlich klingt. Sie lautet, dass strategische Zielsetzungen zwar einerseits lebenswichtig sind, andererseits aber niemals als in Stein gemeißelte Dogmen missverstanden werden dürfen.

Mit anderen Worten: Für Abweichungen oder Änderungen muss jederzeit ausreichend Spielraum bleiben. Noch anders formuliert: Es geht darum, sich keinesfalls durch Annahmen, die zum Zeitpunkt der Entscheidung noch so überzeugend scheinen, dazu verleiten zu lassen, mit dem Kopf durch die Wand zu wollen – oder, in der Seglersprache gesprochen, hoch am Wind jederzeit auf einen Winddreher vorbereitet zu sein.

Genau dieser Zwiespalt erklärt auch, warum sich in Zeiten wie den unseren weder in der Politik noch in der Wirtschaft allzu zahlreich Menschen finden lassen, die sowohl die Fähigkeit zur zukunftsgerichteten Intuition als auch die Bereitschaft mitbringen, ihre darauf beruhenden Entscheidungen jederzeit kritisch zu überprüfen. Will sagen: Auch innerlich zutiefst gefestigte demokratische Staatsordnungen (nicht anders als große, weltweit tätige Unternehmen) sind in existenziell wichtigen Situationen auf Persönlichkeiten angewiesen, die – in voller Wahrnehmung der damit verbundenen Verantwortung – der ihnen anvertrauten demokratischen Gesellschaft klar und deutlich sagen, wohin der Weg führen soll – und zugleich den Mut aufbringen, sich selbst zu korrigieren und die Folgen auf sich zu nehmen, wenn sich dies als Irrweg erweisen sollte.

Damit schließt sich der Kreis. Von den gewaltigen Stolpersteinen, die noch auf dem Wege liegen, bevor sich die augenblickliche Europäische Union zu einem eigenständigen Staatsgebilde wandeln kann, war schon die Rede. Trotzdem muss dieses Ziel nun endlich entschlossen angegangen werden – auch wenn eine große Mehrzahl der Bürgerinnen und Bürger befürchten sollte, dadurch das Mitgliedsland, dem sie zugehören, als ihre Heimat zu verlieren.

Aus ebendiesem Grund bestimmt die Verfassung der USA, dass die Verabschiedung von Gesetzen an die Zustimmung von beiden Häusern des Parlaments, dem *Congress*, gebunden ist. Dabei setzt sich das eine dieser Häuser, der Senat, aus je zwei Vertretern der Mitgliedsstaaten zusammen, und zwar unabhängig davon, wie viele Menschen dort jeweils wahlberechtigt sind. In dieser Richtung wäre für Europa prinzipiell sicherlich eine vergleichbare Regelung unabdingbar, sollte jeder Versuch einer bundesstaatlichen Lösung nicht von vornherein zum Scheitern verurteilt sein. Realistisch gesehen bedeutet das, dass dem bisherigen, womöglich zahlenmäßig erweiterten Rat der Staats- und Regierungschefs vergleichbare Befugnisse wie dem amerikanischen Senat zukommen müssten – freilich mit Folgen für die traditionellen politischen Aufgaben- und Machtstrukturen in den jeweiligen Mitgliedsländern, die auf den ersten Blick nahezu unübersehbar scheinen.

Allein schon dieses Beispiel macht deutlich genug, dass jeder unbedachte Versuch, die Weiterentwicklung der EU zu einem Bundesstaat mit dem Brecheisen durchzusetzen, in einer politischen Katastrophe enden müsste. Andererseits zwingt aber eben – wie gesagt – das weltpolitische Umfeld dazu, den im Sommer 2020 erreichten Vereinbarungen ohne Verzug – sprich: in möglichst naher Zukunft – weitere Schritte folgen zu lassen, durch die eine endgültige Vertiefung der EU in Richtung auf einen Bundesstaat festgeschrieben wird.

Gefragt sind damit der Mut und die Fähigkeit zu politischer Führung.

Dass ich Gefahr laufe, mit einem solchen Wort die schrecklichsten Gespenster der deutschen Geschichte wiederzuerwecken, weiß ich wohl. »Führer befiehl, wir folgen«: Die jubelnde Begeisterung, mit der die braunen Verbrecher auf ihrem Weg von den Massen begleitet wurden, während sie die Welt ins Unheil stürzten, klingt bis heute in meinen Ohren. Die rücksichtslose Dreistigkeit, mit der sich ihre neuerlichen Nachfolger – mögen sie sich »Reichsbürger«, »Pegida« oder sonst wie nennen – die Blindheit der »querdenkenden« Corona-Leugner zunutze machen, ruft zudem unüberhörbar dazu auf, wachsam zu bleiben. Trotzdem wage ich es, das Wort Führung in den Mund zu nehmen, weil ich zuversichtlich annehme, dass heutzutage – nicht anders als mit dem Begriff Leadership im angloamerikanischen Sprachgebrauch – niemand mehr ernsthaft auf die Idee käme, es mit dem Begriff der Befehlsgewalt zu verwechseln.

Im Bereich der Wirtschaftsunternehmen sind allerdings immer wieder Interpretationen von solchem Leadership anzutreffen, die tatsächlich in eine durchaus missverständliche Richtung weisen. Besonders häufig werden sie von manchen Kommentatoren in den Medien verbreitet, die sich gern mit Bewunderungsstürmen für einschlägige »Bosse« hervortun – als solche gelten bei ihnen jene Wunderwesen, die einsam für sich alle wichtigen Entscheidungen treffen, die ihr ergebenes Team anschließend befehlsgemäß in die Tat umsetzt.

Dass es im politischen Bereich vergleichbare Missinterpretationen gibt, bedarf im Übrigen keiner Erläuterung: Man muss da nur an jenen Donald J. Trump denken, von dem wir ja aus eigenem Mund gehört haben, dass es sich bei ihm um einen einzigartig genialen Leader seiner Nation handelte …

Führungsfähigkeit, soll sie diese Bezeichnung verdienen, kommt hingegen vor allem anderem in der Gabe zum Ausdruck, gestützt auf glaubwürdige persönliche Autorität klar und unmissverständlich Wertvorstellungen sowie die sich daraus ableitenden Ziele zu benennen. Am Beispiel von vier deutschen Bundeskanzlern wird deutlich, was ich meine, wenn ich insofern eine deutliche Parallele zwischen staatlicher und unternehmerischer Verantwortung ziehe: Konrad Adenauer mit seiner Entschlossenheit, die junge Bundesrepublik in die Gemeinschaft der freien und demokratischen Länder einzubinden, Willy Brandt mit seiner unbeugsamen Ostpolitik, die schließlich entscheidend zum Ende des Kalten Kriegs beitragen sollte, Helmut Schmidt und Helmut Kohl mit ihrer Unbeirrbarkeit, gemeinsam mit den französischen Nachbarn die europäische Vereinigung voranzubringen.

Keiner von ihnen ist während seiner Amtszeit vor bitteren Rückschlägen, vor offensichtlichen Fehleinschätzungen und vor scharfen Auseinandersetzungen, teilweise bis hin zu bösartigen Unterstellungen, mit der jeweiligen Opposition bewahrt geblieben. Ihre persönliche Autorität hat darunter in keinem Augenblick gelitten. Gelungen ist das durch ihren Mut zur vorbehaltlosen Offenheit über ihre Ziele, verbunden mit einer Glaubwürdigkeit, die – abgesehen von dem eher mitleidenswerten Fehlverhalten Kohls am Ende seiner politischen Karriere – von vornherein den geringsten Anschein von unlauteren politischen Machenschaften oder von der Verfolgung ethisch unverantwortlicher eigener Interessen ausschloss.

Auch die viel berufene Neigung von Angela Merkel zu lupenreinem Pragmatismus belegt jedenfalls nicht von vornherein, dass sie in ihrem Innersten keine eigene Vorstellung über die weitere politische Entwicklung der EU hatte. Nach außen hat sie allerdings, wie gesagt, leider nie eine entsprechende Vision zu erkennen gegeben. Angesichts der existenziellen Bedeutung dieser Frage für die Zukunft Europas hätte jedoch politische Führung, die diese Bezeichnung verdient, sowohl den Mut als auch die Fähigkeit der Bundeskanzlerin erfordert, zumindest irgendwann einmal der breiten Bevölkerung und damit der Wählerschaft klar vor Augen zu führen, wohin – und sei es nur Schritt für Schritt – die Reise am Ende führen soll. So wird die Geschichtsschreibung die lange politische Ära von Merkel womöglich als eine Zeit einordnen, in der es Deutschland immer wieder gelungen ist, mit höchster taktischer Meisterschaft schwierigste politische Probleme zu bewältigen, allerdings um den Preis, dass viele Jahre verloren gegangen sind, ohne die politische Vereinigung Europas unumkehrbar festzuschreiben.

Andererseits liegt es auf der Hand, dass sich dieses Versäumnis auch mit zutiefst begründeter politischer Vorsicht erklären ließe. Wäre zu irgendeinem Zeitpunkt auch nur entfernt der Eindruck entstanden, dass die Bundesrepublik auf die Entwicklung der EU zu einem Bundesstaat drängt, hätten zweifellos unverzüglich alle der üblichen nationalpolitischen Akteure ihr lautes Warngeschrei vor einer bevorstehenden Vormachtstellung Deutschlands angestimmt – mit der sicheren Folge, dass das Vorhaben zwangsläufig am zunächst unüberwindlichen und dann womöglich endgültigen Widerstand einer großen Mehrheit der Mitgliedsländer gescheitert wäre.

E pluribus unum: So steht es im offiziellen Dienstsiegel der Vereinigten Staaten von Amerika, sinngemäß »Einheit in Vielfalt«. Auch

für Europa kann und wird diese gelingen, wenn sich die Mitgliedsländer daran als festes und politisch verlässliches Ziel für ihr weiteres
Handeln halten – und wenn sie verstehen, dass es nur erreicht werden kann, wenn es gelingt, in ihrem Europa gleichwertige Lebens-
verhältnisse im richtig verstandenen Sinne von Artikel 72 des
Grundgesetzes zu schaffen. Wobei »gleichwertige Lebensverhältnis-
se« natürlich nicht heißt, von heute auf morgen den bisher erreichten
Wohlstand untereinander aufzuteilen und zu diesem Zweck »gemeinsame Kasse« zu machen. Wohl allerdings bedeutet es, die bisher
weniger leistungsfähigen Mitgliedsländer durch klug abgewogene,
an jeweils streng überprüfbare Voraussetzungen gebundene und gemeinsam beschlossene Unterstützung in die Lage zu versetzen, ihren
Bürgerinnen und Bürgern gleiche Chancen für ihr Leben zu eröffnen und zu sichern.

In aller Klarheit: Um ein solches Ziel zu erreichen, werden alle Beteiligten – und damit nicht zuletzt auch die Deutschen – Opfer auf
sich nehmen müssen. »Die einen sind im Dunkeln und die anderen
sind im Licht / Und man siehet die im Lichte, die im Dunkeln sieht
man nicht«: Es ist und bleibt ein fataler Irrtum, glauben zu wollen,
man könne ein handlungsfähiges Europa auf dem Fundament dieser
bitterbösen Weisheit aus der Dreigroschenoper aufbauen. Gewiss
kann – und muss! – immer wieder von Neuem darum gestritten werden, auf welchem Wege soziale Ungleichheiten am besten und wirk-
samsten zu bekämpfen sind. Dass es sich bei dem Auseinanderklaf-
fen zwischen Arm und Reich, zwischen Unwissenheit und guter
Ausbildung um Phänomene handelt, die nicht nur einzelne Länder
oder Regionen belasten, sondern das globale Geschehen rund um die
Erde zutiefst beeinflussen, kann jedoch niemand mehr übersehen,
seitdem die Finanzkrise der Jahre 2008/09 die wirtschaftliche – und
mit ihr die soziale – Situation rund um die Welt in tödliche Gefahr
gestürzt hat. Wahrlich trifft es also schon seit Langem, allzu langen
Jahren zu, wozu sich Merkel 2018 in ihrer »Bierzeltrede« auf dem
Parteitag der CSU bekannt hat: »Wir Europäer müssen … unser

Schicksal wirklich in unsere eigene Hand nehmen.« Das ist bis heute wahr geblieben. Hoffen wir also, dass sich die neue Bundesregierung nicht nur den unausweichlichen Zwängen der nackten Fakten und deren Folgen stellt, sondern mit Unterstützung der jungen Generationen die europäische Zukunft als ihre alles überragende Aufgabe versteht.

So lautet das Fazit, das als Preis der Freiheit am Ende meines Lebens steht ...

Nachwort

Mitten während der Drucklegung dieses Buches hat der russische Diktator seinen ebenso wahnwitzigen wie verbrecherischen Versuch vom Zaun gebrochen, sich die Ukraine und ihre Bevölkerung zu unterwerfen. Das Ende ist nicht absehbar. Mehr als nur vermessen wäre es daher, über die weltpolitischen Folgen der Aggression zu spekulieren. Noch ungleich viel dramatischer als bisher bestätigt sich indes, dass wir unausweichlich eine im Sinne des Wortes umfassende Zeitenwende miterleben (um die es in diesem ganzen Buch, wenn auch zunächst in anderen äußeren Zusammenhängen, gegangen ist).

Mehr oder minder hilflos erleben wir, wie ein großes europäisches Volk mit brutaler Grausamkeit unterdrückt werden soll. Ohne den Schutzschild der NATO bliebe uns Europäern wohl nichts anderes übrig, als dem Heldenmut der Ukrainerinnen und Ukrainer aus unseren heimischen Sesseln heraus bewundernd zuzusehen. Immerhin können wir jetzt wenigstens die flüchtenden Menschen bei uns aufnehmen und versuchen, den Alleinherrscher mit allen nur denkbaren wirtschaftlichen Mitteln zu bremsen (um freilich damit zugleich auch die russische Bevölkerung am eigenen Leibe zu treffen).

Mit dem Unterton erstaunter Verwunderung vermerken wir derweil, dass es den politisch Verantwortlichen ausnahmsweise zu gelingen scheint, die spontane Hilfsbereitschaft der Bürgerinnen und Bürger der Europäischen Union zusammenzuführen, auch ohne vorher monatelang über die Verteilung der damit verbundenen Lasten zu streiten. Und außer dem stillen (und doch unterschwellig vernehmlichen) Grollen von manchen vermeintlichen Gutmenschen nehmen wir hin, dass eine breite Mehrheit der Bevölkerung – und hoffentlich auch des Bundestages – den ebenso kühnen wie mutigen verteidigungspolitischen Paradigmenwechsel des Bundeskanzlers mitträgt, die in die Jahre gekommene Bundeswehr nun endlich jener durch ihn apostrophierten Zeitenwende anzupassen.

Als Fazit meines Lebens bin ich unter diesen Umständen mehr denn je davon überzeugt, dass wir unsere europäischen Grundwerte aufs Spiel setzen, wenn wir auch jetzt wieder die Lehren daraus missachten, welchen rücksichtslosen Kräften wir gegenüberstehen und was größenwahnsinnige politische Zeitgenossen auslösen können – wenn wir uns also unverändert auf die kürzlich durch Klaus von Dohnanyi heraufbeschworenen sogenannten »nationalen Interessen« verlassen wollten.

Machen wir uns nichts vor: Es wird noch über eine lange Wegstrecke hinweg der von Olaf Scholz so eindrücklich beschworenen Fähigkeit zu ebenso entschlossener wie zählebiger politischer Führung bedürfen, um die Wählerinnen und Wähler erfolgreich zu überzeugen. Doch es bleibt dabei: Unsere demokratische Freiheit werden wir uns nur bewahren können, wenn es in naher Zukunft gelingt, uns zu einem handlungsfähigen – und das bedeutet unter anderem auch: wehrhaften! – europäischen Bundesstaat zusammenzufinden.

Anfang März 2022   Edzard Reuter

Der Autor

Edzard Reuter war von 1987 bis 1995 Vorstandsvorsitzender der Daimler-Benz AG. Er ist seit über 70 Jahren SPD-Mitglied, Ehrenbürger von Berlin, Vorsitzender der Kuratorien der Helga und Edzard Reuter Stiftung und der Stiftung Ernst-Reuter-Archiv. Zugleich wirkt er als Mitglied im Kuratorium der Friedrich-Ebert-Stiftung, der Reportageschule Reutlingen und bei CARE Deutschland mit.